教本
Manual
Manuel

二十四歩 Niseishi
安南硬 Ananko
四方公相君 Shiho Kosokun
十九 Shisochin

活法
Practical Method
Mèthode Pratique

山田式10分整体
YAMADA's 10 Minute CHIRO
10 minutes de CHIRO par YAMADA

山田派糸東流修交会
Yamada-ha Shito-ryu Shuko-kai

山田　治義（やまだ・はるよし）

山田派糸東流修交会	範士九段
全日本空手道連盟	範士八段
全日本空手道連盟	（元）一級資格審査員
日本体育協会	競技力向上上級コーチ
柔道（講道館）	五段
全日本実業団空手道連盟	会長
芦屋大学	客員教授
日中文化教育経済関西交流協会	顧問
株式会社やすらぎ企画	代表取締役社長

YAMADA Haruyoshi

Yamada-ha Shito-ryu Shuko-kai	9th Dan Hanshi
Japan Karatedo Federation	8th Dan Hanshi
Japan Karatedo Federation	Former 1st Grade Referee
Japan Sports Association	Competitive Sports Class A Coach
Judo (Kodokan)	5th Dan
All Japan Businessmen Karatedo Federation	President
Ashiya University	Visiting Professor
JCCEIA (Kansai)	Advisor
Japan Judo Therapist Association	Functional Training Instructor Certified Judo Therapist
Yasuragi Enterprises	President and Director

Awards

Nov. 11th, 1999
Recipient of the Amagasaki Distinguished Service Award in Physical Education from Yoshio Miyata, the Mayor of Amagasaki City

Oct. 13th, 2007
Recipient of the Distinguished Service Award from the Japan Karatedo Union

Feb. 14th, 2008
Recipient of the Distinguished Service Award of the Hyogo Sports Association from Toshizo Ido, the Governor of Hyogo Prefecture

Apr. 21st, 2010
Recipient of the Mizuno Soprts Mentor Award from the Mizuno Sports Promotion Foundation

教本
Manual
Manuel

目次
Contents
Contenu

基本的な立ち方 Tachikata	5
二十四歩 Niseishi	9
安南硬 Ananko	21
四方公相君 Shiho Kosokun	37
十九 Shisochin	53
活法 Practical Method / Mèthode Pratique	74
山田式10分整体 YAMADA's 10 Minute CHIRO / 10 minutes de CHIRO par YAMADA	78

山田派糸東流修交会
Yamada-ha Shito-ryu Shuko-kai

基本的な立ち方
Tachikata

 閉足立ち

 結び立ち

 平行立ち

 外八字立ち

 自然立ち

 ナイファンチ立ち

四股立ち
し こ

前屈立ち

猫足立ち

側屈立ち

後屈立ち

三戦立ち
さんちん

鷺(さぎ)立ち

交差立ち

基(もと)立ち

レの字立ち

T字立ち

二十四歩
Niseishi

用意
Ready/Prêt

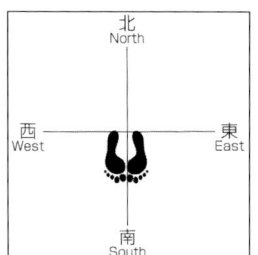

閉足立ち、両拳両側に垂れる。

Stand in HEISOKUDACHI, both fists down at the sides (eyes facing south).

Posture HEISOKUDACHI, les deux poings abaissés aux côtés (yeux face au sud).

①
挙動
Move/Mouvement

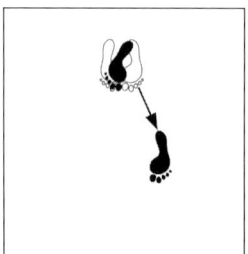

右足後方に引き左自然立ち、左掌中段掬い受け、右拳腰。

Drawing the right leg back into left SHIZENDACHI, the left fist blocks CHUDAN SUKUIUKE, with the right fist pulled back to the hip.

Jambe droite tirée vers l'arrière en SHIZENDACHI gauche, le poing gauche bloque en CHUDAN SUKUIUKE avec le poing droit tiré en arrière à la hanche.

②
挙動
Move/Mouvement

右拳中段突き、右腕に左掌おく。

The right fist strikes CHUDANZUKI with the left palm placed on the right arm.

Le poing droit frappe en CHUDANZAKI avec la paume de la main gauche placée sur le bras droit.

③
挙動
Move/Mouvement

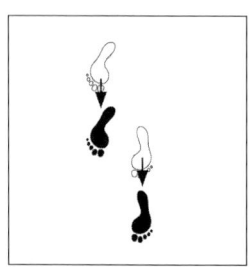

南方向左自然立ち寄足し、右拳を腰に引くと共に左拳表小手水平に押し出す。

With both feet sliding forward YORIASHI to the south still in left SHIZENDACHI, the right fist draws back to the hip at the same time as the left fist pushes out horizontally with OMOTEKOTE.

Avec les deux pieds glissant vers l'avant, YORIASHI vers le sud, toujours en SHIZENDACHI gauche, le poing droit tiré vers la hanche pendant que le poing gauche repousse horizontalement avec OMOTEKOTE.

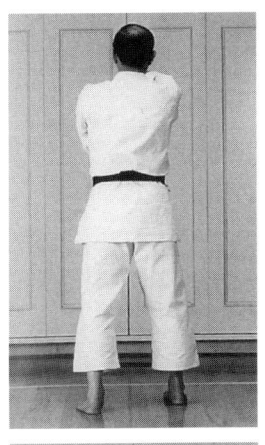

④

挙動
Move/Mouvement

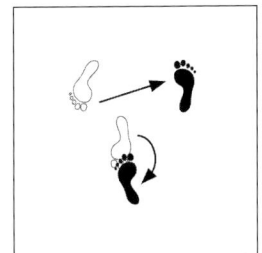

北方向に振り向き、右自然立ち両拳両腰に構える、続いて北方向（前方）へ右拳中段逆突き（甲下）左拳上段突き（双手突き）。

Turn to the north into right SHIZENDACHI as both fists pull back to the hips. The right fist then strikes forward to the north with CHUDAN GYAKUZUKI (the back of the hand facing downwards) as the left fist strikes JODANZUKI.

Tourner vers le nord en SHIZENDACHI alors que les deux poings sont tiré s en arrière aux hanches. Le poing droit frappe alors vers l'avant au nord avec CHUDAN GYAKUZUKI (le dos de la main vers le bas) alors que le poing gauche frappe en JODANZUKI.

⑤ a

挙動
Move/Mouvement

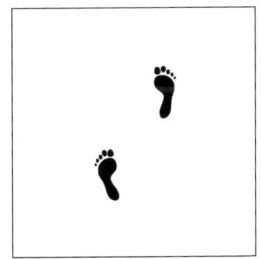

右自然立ち両拳両腰。

Both hands pull back to the hips.

Les deux mains reviennent aux hanches.

⑤ b

挙動
Move/Mouvement

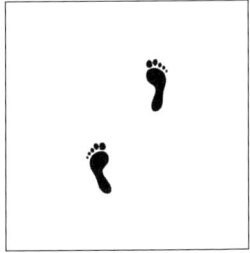

両拳胸許に引く。

Lift up the right leg, drawing both fists to the chest.

Soulever la jambe droite en tirant les deux poings vers la poitrine.

⑤ c

挙動
Move/Mouvement

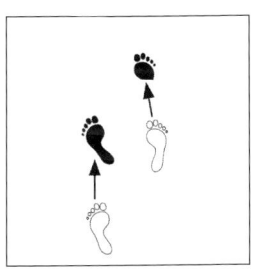

前方に右足を踏みおろすと共に左足を引き寄せ右猫足立ちかきわけ。

The right leg then steps down and forward with both hands blocking KAKIWAKE.

La jambe droite se pose alors vers l'avant avec les deux mains loquant en KAKIWAKE.

⑥ a
挙動
Move/Mouvement

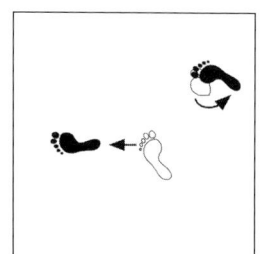

左足を左方（東）に踏み入れ左前屈立ち、左上段受け、右拳腰。

As the left leg steps to the east into left ZENKUTSUDACHI, the left fist blocks JODANUKE as the right first pulls back to the hip.

Alors que la jambe gauche avance vers l'est en ZENKUTSU-DACHI gauche, le poing gauche bloque en JODANUKE alors que le poing droit est tiré en arrière à la hanche.

⑥ b
挙動
Move/Mouvement

続いて右エンピ左拳腰。

The right elbow then strikes ENPI with the left fist pulled back to the hip.

Le coude droit frappe alors ENPI avec le poing gauche tiré en arrière à la hanche.

⑦ a
挙動
Move/Mouvement

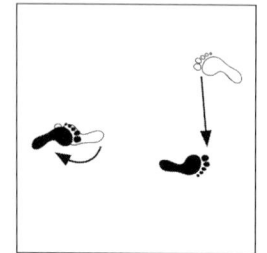

体をおこし右自然立ち、西方向に右上段掛手、左拳腰。

Turn to the west, rising slightly into right SHIZENDACHI as the right hand grabs JODAN KAKETE and the left fist pulls back to the hip.

Se tourner vers l'ouest en se soulevant légèrement en SHIZENDACHI droit alors que la main droite saisit en JODAN KAKETE et que le poing gauche est tiré en arrière à la hanche.

⑦ b
挙動
Move/Mouvement

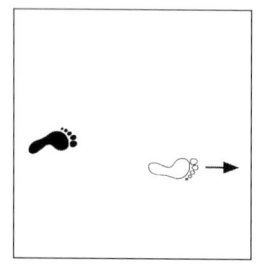

続いて右掛手を引き寄せ握りつつ右足にて蹴り込む。

The right hand KAKETE draws back and clenches as the right leg kicks.

La main droite en KAKETE est tirée en arrière et est serrée alors que la jambe droite donne un coup.

⑦ c

挙動 Move/Mouvement

おろすと共に左中段突き。

Stepping back down at the same time as the left fist strikes CHUDANZUKI.

Pas en arrière bas pendant que le poing gauche frappe en CHUDANZUKI.

⑧ a

挙動 Move/Mouvement

a～c 東方向に挙動⑦の反対（左掛手、左足蹴り込み右中段突き）。

Turn to the east and perform the opposite of the ⑦ move (left KAKETE).

Se tourner vers l'est et exécuter l'inverse du ⑦ movement (KAKETE gauche).

⑧ b

挙動 Move/Mouvement

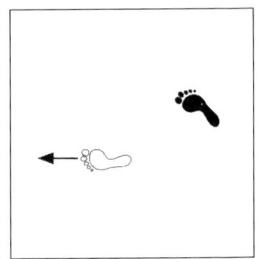

Left foot kick.

Coup du pied gauche.

⑧ c

挙動 Move/Mouvement

Right CHUDANZUKI.

CHUDANZUKI droit.

二十四歩 Niseishi

⑨ a
挙動
Move/Mouvement

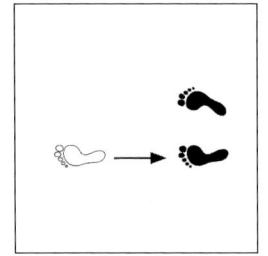

左足を引き平行立ちとなる。

The left leg draws back into HEIKODACHI as the left fist pulls back to the hip.

La jambe gauche est tirée vers l'arrière en HEIKODACHI alors que le poing gauche est tiré en arrière à la hanche.

⑨ b
挙動
Move/Mouvement

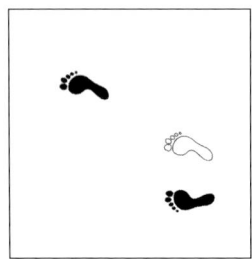

北西方向に右足踏み出し右前屈立ち、左拳開掌、両掌で押す（左上、右下）。

The right leg steps forward to the northwest into right ZENKUTSUDACHI as the left fist opens and both palms push forward, left hand up, right hand down.

La jambe droite avance vers le nord-ouest en ZENKUTSU-DACHI droit alors que le poing gauche s'ouvre et que les paumes des deux mains repoussent vers l'avant, la main gauche en haut, la main droite en bas.

⑩
挙動
Move/Mouvement

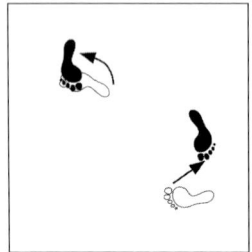

後方南東方向に振り向き左前屈立ちとなり右甲上開掌にて目の高さに差し出す。左拳を左脇に甲を前方に向けおろす（目付体眼東南）。

Turn behind to the southeast into left ZENKUTSUDACHI with the right hand open, palm down, extended at eye-level. The open left hand drops down to the side, back of hand facing forward.

Se tourner en arrière vers le sud-est en ZENKUTSUDACHI gauche avec la main droite ouverte, paume vers le bas étendue au niveau des yeux. La main gauche ouverte descend sur le côté, le dos de la main vers l'avant.

⑪ a
挙動
Move/Mouvement

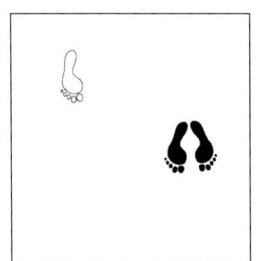

同方向に右足を引き寄せ結び立ちとなり、右掌底に左掌甲を下に合せ重ねる。

The right leg pulls up in the same direction into MUSUBI-DACHI; the left hand rises up to the open right hand, the back of the left hand under the right palm SHOTEI.

La jambe droite s'élève dans la même direction en MUSUBI-DACHI; la main gauche s'élève jusqu'à la main droite ouverte, le dos de la main gauche au-dessous de la paume de la main droite en SHOTEI.

⑪ b

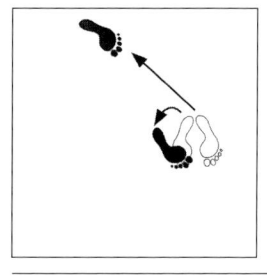

挙動
Move/Mouvement

左足を後方に引く。

The left leg steps straight back into right ZENKUTSUDACHI.

La jambe gauche recule en ZENKUTSUDACHI droit.

⑪ c

挙動
Move/Mouvement

右前屈立ちになるや、足刈倒しをなし、両拳両腰に引く。
※右前屈立ちで右拳を引き寄せ左拳を押し出す（足刈倒し）

Both hands reap the leg before pulling back to the hips (The right hand in the reap pulls and sweeps, the left hand pushes forward).

Les deux mains resent la jambe avant de retourner en arrière aux hanches (La main droite tire et balaye en rasant, la main gauche repousse vers l'avant).

⑪ d

挙動
Move/Mouvement

中高一本双手突き。

Then striking IPPON SOTEZUKI to both JODAN and CHUDAN levels.

Puis frappe en IPPON SOTEZUKI aux niveaux JODAN et CHUDAN.

⑫

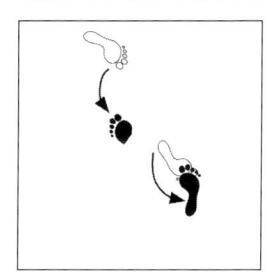

挙動
Move/Mouvement

北西方向（後方）に左猫足立ち、左中段甲受け。

Turn behind to the northwest into left NEKOASHIDACHI; the left fist blocks CHUDAN KOUKE.

Se tourner en arrière vers le nord-ouest en NEKOASHIDACHI gauche; le poing gauche bloque en CHUDAN KOUKE.

二十四歩　Niseishi

⑬ a

挙動
Move/Mouvement

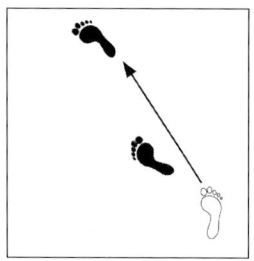

右足を踏み出し右前屈立ち、左拳を腰に引くと共に右縦エンピ。

The right foot steps forward into right ZENKUTSUDACHI; the left fist pulls back to the hip at the same time as the right elbow strikes TATE-EMPI.

Le pied droit avance en ZENKUTSUDACHI droit; le poing gauche tiré en arrière à la hanche pendant que le coude droit frappe un TATE-ENPI.

⑬ b

挙動
Move/Mouvement

右下段払い。

Followed by right GEDANBARAI.

Suivi par un GEDANBARAI droit.

⑬ c

挙動
Move/Mouvement

左中段突き。

And left CHUDANZUKI.

Et par un CHUDANZUKI gauche.

⑭

挙動
Move/Mouvement

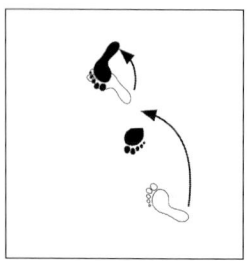

左足を南西方向に踏み出し、南方向に猫足立ち、左中段甲受け右拳腰。

The left leg steps to the southwest, then turn to the south into left NEKOASHIDACHI; the left fist blocks CHUDAN KOUKE; the right fist pulls back to the hip.

La jambe gauche avance vers le sud-ouest puis tourne vers le sud en NEKOASHIDACHI gauche; le poing gauche bloque en CHUDAN KOUKE; le poing droit tiré en arrière à la hanche.

⑮ a

挙動
Move/Mouvement

右足を南方向へ踏み出し四股立ち、右前横エンピ左掌に当てる。

The right leg steps to the south into SHIDOKACHI; the right elbow strikes forward (to the right side) with YOKO-ENPI into the left palm.

La jambe droite avance vers le sud en SHIKODACHI; le coude droit frappe en avant (vers la droite) avec YOKO-ENPI dans la paume de la main gauche.

⑮ b

挙動
Move/Mouvement

左掌そのまま右下段払い(目付南)。

The left hand stays in that position as the right fist blocks GEDANBARAI (eyes facing south).

La main gauche reste dans cette position alors que le poing droit bloque en GEDANBARAI (les yeux face au sud).

⑯

挙動
Move/Mouvement

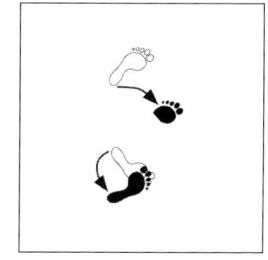

左足踏み出し左猫足立ち左甲受け、右拳腰(北東方向)。

The left leg steps to the northeast into left NEKOASHIDACHI; the left hand blocks KOUKE; the right fist pulls back to the hip.

La jambe gauche avance vers le nord-est en NEKOASHIDACHI gauche; la main gauche bloque en KOUKE; le poing droit tiré en arrière à la hanche.

⑰ a

挙動
Move/Mouvement

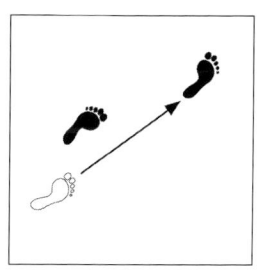

右足踏み出し左拳腰に引き、右前屈立ち、右前縦エンピ。

The right leg steps forward into right ZENKUTSUDACHI; the left fist pulls back to the hip as the right elbow strikes forward with TATE-ENPI.

La jambe droite avance en ZENKUTSUDACHI droit; le poing gauche tiré en arrière à la hanche alors que le coude droit frappe en avant en TATE-ENPI.

二十四歩　Niseishi　17

⑰ b

挙動
Move/Mouvement

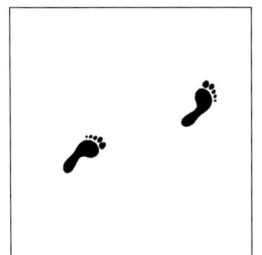

右下段払い。

Followed by right GEDANBARAI.

Suivi par un GEDANBARAI droit.

⑰ c

挙動
Move/Mouvement

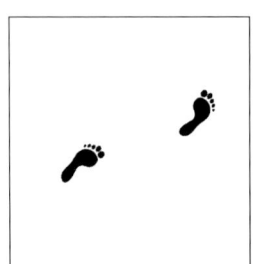

左中段突き。

And left CHUDANZUKI.

Et par un CHUDANZUKI gauche.

⑱ a

挙動
Move/Mouvement

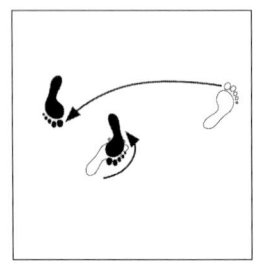

右足を北西方向に体を左回り、南方向に向き左自然立ち両拳腰構え。

The right leg steps to the northwest, then rotate the body to the left to face south into left SHIZENDACHI; both fists pull back to the hips.

La jambe droite avance vers le nord-ouest puis faire tourner le corps vers la gauche pour faire face au sud en SHIZENDACHI gauche; les deux poings tirés en arrière aux hanches.

⑱ b

挙動
Move/Mouvement

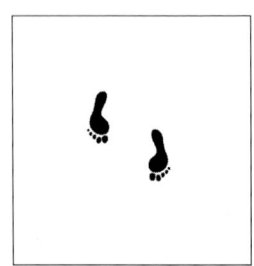

右拳上段横払い、左拳裏突き。

Then the right fist blocks JODAN YOKOBARAI as the left fist strikes URAZUKI.

Puis le poing droit bloque en JODAN YOKOBARAI alors que le poing gauche frappe en URAZUKI.

⑲ a

挙動
Move/Mouvement

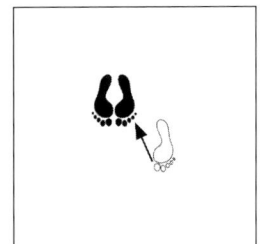

左足を右足に引き寄せ結び立ち、左腰に左掌（甲下）を構え、その上に右拳（甲上）を重ねる。

The left leg pulls back to the right leg into MUSUBIDACHI; the open left hand pulls back to the hip (palm up) with the open right hand above it (palm down).

La jambe gauche retourne vers la jambe droite en MUSUBIDACHI; la main gauche ouverte tirée en arrière à la hanche (paume vers le haut) avec la main droite ouverte au-dessus (paume vers le bas).

⑲ b

挙動
Move/Mouvement

風車（巴受）。

Both hands block circularly with TOMOE-UKE.

Les deux mains bloquent par un movement circulaire en TOMOE-UKE.

⑳

挙動
Move/Mouvement

最初に戻る。

Hands return to the start position.

Les mains reviennent à la position de départ.

二十四歩　Niseishi

安南硬
Ananko

直立
Stand/Debout

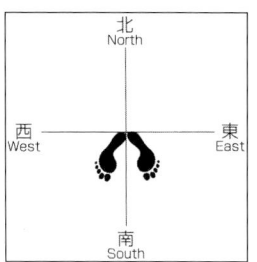

両手は開手のまま右甲に左掌を重ねて下腹部前に構える。

Open both hands. Place the left hand on the back of the right hand. Hold them in front of the lower abdomen.

Ouvrir les deux mains. Placer la main gauche sur le dos de la main droite. Les tenir devant le bas de l'abdomen.

用意
Ready/Prêta

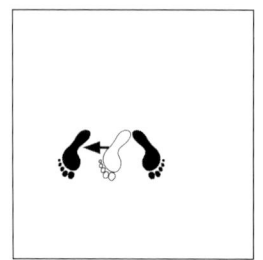

八字立ち両拳握り両太腿に構える。

Stand in HACHIJIDACHI, fists clenched in front of each thigh, eyes facing south.

Se tenir en HACIJIDACHI, les poings serrés devant chaque cuisse, les yeux face au sud.

①
挙動
Move/Mouvement

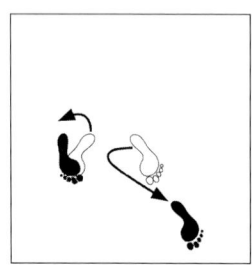

左足一歩南東方向に踏み出し、左前屈立ち左上段手刀払い。

The left leg steps forward to the southeast into left ZENKU-TSUDACHI; the left hand blocks JODAN SHUTO-BARAI.

La jambe gauche avance vers le sud-est en ZENKUTSUDACHI gauche; la main gauche bloque en JODAN SHUTO-BARAI.

①上段突きを手刀で打ち込む

② 挙動 Move/Mouvement

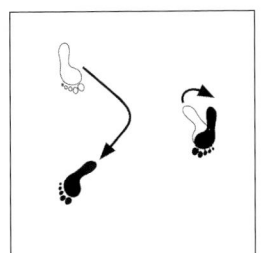

右足南西方向に踏み出し、右前屈立ち右上段手刀払い。

The right leg steps forward to the southwest into right ZENKUTSUDACHI; the right hand blocks JODAN SHUTO-BARAI.

La jambe droite avance vers le sud-ouest en ZENKUTSUDACHI droit; la main droite bloque en JODAN SHUTO-BARAI.

③ a 挙動 Move/Mouvement

左回りして左前屈立ち、左中段受け。

Rotate behind left-wise into left ZENKUTSUDACHI facing northeast; the left fist blocks CHUDANUKE.

Se tourner vers l'arrière gauche en ZENKUTSUDACHI gauche faisant face au nord-est; le poing gauche bloque en CHUDANUKE.

③ a 中段横受け

③ b 逆突き順突きを行なう

③ b 挙動 Move/Mouvement

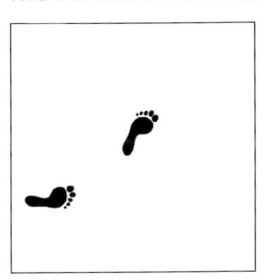

左拳引き中拳中段突き。

The left fist pulls back to the hip as the right fist strides CHUDANZUKI.

Le poing gauche tiré à la hanche alors que le poing droit frappe en CHUDANZUKI.

安南硬 Ananko 23

③ c

挙動
Move/Mouvement

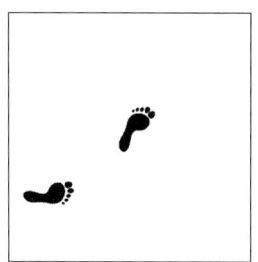

さらに左拳中段突き（連突き）。

Followed by left CHUDANZUKI (punches in succession).

Suivi par un CHUDANZUKI gauche (coups en succession).

④ a

挙動
Move/Mouvement

南西に振り向き右前屈立ち、左拳引き（右拳中段受け）。

Turn to the southwest into right ZENKUTSUDACHI; the left fist pulls back as the right fist blocks CHUDANUKE.

Se tourner vers le sud-ouest en ZENKUTSUDACHI droit; le poing gauche tiré vers l'arrière alors que le poing droit bloque en CHUDANUKE.

---

④ b

挙動
Move/Mouvement

左拳中段突き。

The left fist strikes CHUDANZUKI.

Le poing gauche frappe en CHUDANZUKI.

④ c

挙動
Move/Mouvement

右拳中段突き（連突き）。

Followed by right CHUDANZUKI (punches in succession).

Suivi par un CHUDANZUKI droit (coups en succession).

⑤ 挙動 Move/Mouvement

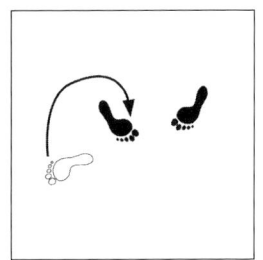

右足引き寄せ右三戦立ち双手中段受け。

The right leg draws back in right SANCHINDACHI with both fists blocking MOROTE-CHUDANUKE.

La jambe droite tirée vers l'arrière en SANCHINDACHI droit avec les deux poings bloquant en MOROTE-CHUDANUKE.

⑤ 襟を持たれたのを外す

⑥ 挙動 Move/Mouvement

両拳腰に引き双手下段裏突き（甲下）。

Both fists pull back to the hips then strike with double-handed GEDAN URAZUKI (backs of the fists facing downwards).

Tirer les deux poings en arrière aux hanches puis frapper des deux mains en GEDAN URAZUKI (le dos des poings tournés vers le bas).

⑥ 裏突きを行ない

安南硬　Ananko

⑦
挙動
Move/Mouvement

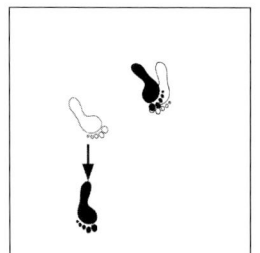

南方向に寄り足右前屈立ち、左拳腰に引きつつ右拳突き（肩の高さ）。

The right leg slides southwards using YORIASHI into right ZENKUTSUDACHI, the right fist strikes TSUKI at shoulder level, the left fist is drawn back to the hip.

La jambe droite glisse vers le sud passant de YORIASHI à ZENKUTSUDACHI droit, le poing droit frappe en TSUKI au niveau des épaules, le poing gauche tiré en arrière à la hanche.

⑦ 中段正拳突き

⑧ a
挙動
Move/Mouvement

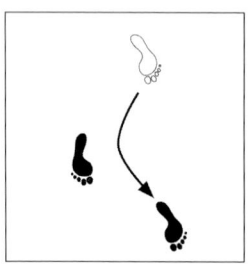

左足を南東方向に踏み出し左前屈立ち、左中段受け。

The left leg steps forward to the southeast into left ZENKU-TSUDACHI, the left fist blocks CHUDANUKE.

La jambe gauche avance vers le sud-est en ZENKUTSUDACHI gauche, le poing gauche bloque en CHUDANUKE.

⑧ b
挙動
Move/Mouvement

b 〜 c　右左連続突き。

Followed by punches with the right.

Suivi par des coups du poing droit.

⑧ c
挙動 Move/Mouvement

⑧ b のまま左突き。

Then left in succession.

Puis du poing gauche en succession.

⑨
挙動 Move/Mouvement

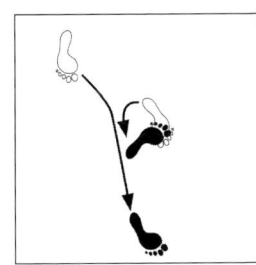

右足を南東方向に踏み出し四股立ち、体眼東方向に右横エンピ左掌を当てる。

The right leg steps forward to the south into SHIKODACHI with eyes facing east as the right elbow strikes ENPI into open left hand.

La jambe droite avance vers le sud en SHIKODACHI avec les yeux face à l'est alors que le coude droit frappe en ENPI dans la main gauche ouverte.

⑨ 肘当てをして投げを行なう

⑩ a
挙動 Move/Mouvement

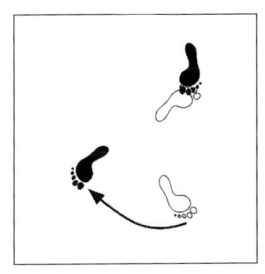

右足南西方向に移し右前屈立ち、右拳中段受け。

The right leg shifts to the southwest into right ZENKUTSU-DACHI, the right fist blocks CHUDANUKE.

La jambe droite passe au sud-ouest en ZENKUTSUDACHI droit, le poing droit bloque en CHUDANUKE.

安南硬　Ananko

⑩ b

挙動
Move/Mouvement

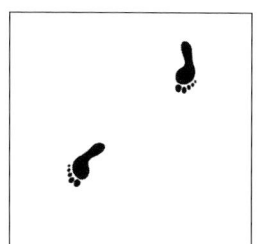

b～c　左右連続突き。

Followed by punches with the left.

Suivi par des coups du poing gauche.

⑩ c

挙動
Move/Mouvement

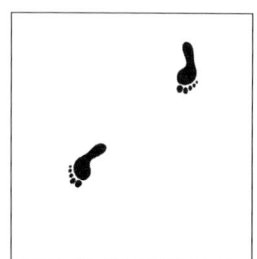

Then right in succession.

Puis du poing droit en succession.

⑪

挙動
Move/Mouvement

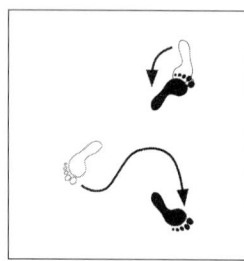

挙動⑨と同じ。

Repeat the same movement as in Step ⑨.

Répéter le même movement que dans le Mouvement ⑨.

⑫

挙動
Move/Mouvement

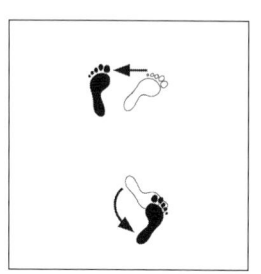

北方向に振り向き左前屈立ち、左拳下段払い。

The right leg rotates to the north into left ZENKUTSUDACHI; the left fist blocks GEDANBARAI.

La jambe droite tourne vers le nord en ZENKUTSUDACHI gauche; le poing gauche bloque en GEDANBARAI.

⑬

挙動
Move/Mouvement

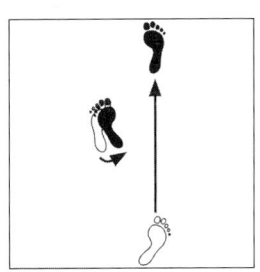

右足北方向に踏み出し右前屈立ち、中拳中段突き。

The right leg steps forward to the north into right ZENKUTSUDACHI; the right fist punches CHUDANZUKI.

La jambe droite avance vers le nord en ZENKUTSUDACHI droit; le poing droit donne un coup en CHUDAN-ZUKI.

裏正面
（view from the rear）
（vu de l'arrière）

⑭

挙動
Move/Mouvement

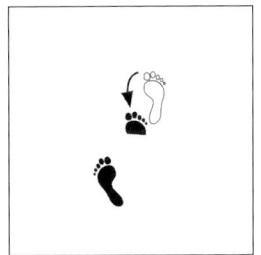

右足半歩引き寄せ、右猫足立ち、右拳中段突き。

The right leg draws back half a step into right NEKOASHI-DACHI; the right fist blocks CHUDANUKE.

La jambe droite tirée d'un demi-pas en arrière en NEKOASHI-DACHI droit, le poing droit bloque en CHUDANUKE.

⑮ a

挙動
Move/Mouvement

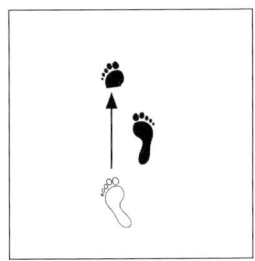

左足を右足前に交差立ち。

The left leg steps in front of the right leg.

La jambe gauche se met devant la jambe droite.

⑮ b

挙動
Move/Mouvement

右足上段蹴り。

The right leg kicks JODAN.

La jambe droite donne un coup en JODAN.

安南硬　Ananko

⑮ c

挙動
Move/Mouvement

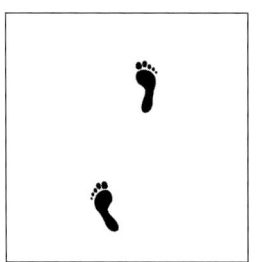

右前屈立ちより右掌下段払い。

Then steps forward into right ZENKUTSUDACHI; the right fist blocks GEDANBARAI.

Puis avance en ZENKUTSUDACHI droit; le poing droit bloque en GEDANBARAI.

⑮ d

挙動
Move/Mouvement

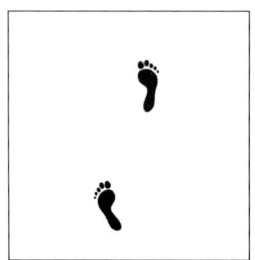

左掌中段突き。

Followed by the left fist punching CHUDANZUKI.

Suivi par le poing gauche donnant un coup en CHUDANZUKI.

⑮ e

挙動
Move/Mouvement

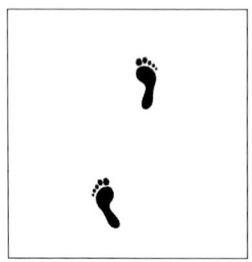

右拳中段受け。

Then the right fist blocks CHUDANUKE.

Puis le poing droit bloque en CHUDANUKE.

⑯ a

挙動
Move/Mouvement

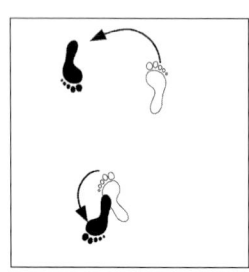

南方向に回転、左前屈立ち。

Rotate to the south into left ZENKUTSUDACHI.

Se tourner vers le sud en ZENKUTSUDACHI gauche.

⑯ b

挙動
Move/Mouvement

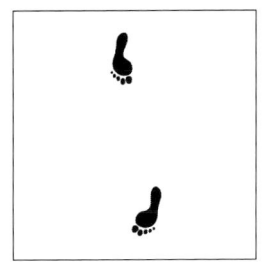

中段手刀受け。

The left hand blocks CHUDAN SHUTO-UKE.

La main gauche bloque en CHUDAN SHUTO-UKE.

⑰

挙動
Move/Mouvement

上体ひねり北方向、右拳下段払い、右肘に左拳甲上につける。

Twisting the upper body to the north, the right fist blocks GEDANBARAI, the left fist (palm down) contacting the right elbow.

En tordant la partie supérieure du corps vers le nord, le poing droit bloque en GEDANBARAI, le poing gauche (paume vers le bas) contacte le coude droit.

---

⑰ 蹴りを下段支え受け

⑱ 上段突きを流し受け

⑱

挙動
Move/Mouvement

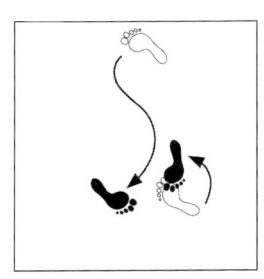

右足を南西方向に踏み出し、北東方向に左回転し両肘を振り上げ、左拳にて上段横受け、左肘内側に右拳甲上にしてつける。

The right leg steps forward to the southwest, rotate leftwise to face the northeast, raising both elbows, the left elbow blocking JODAN YOKO-UKE, the right fist (palm down) contacting the inside left elbow.

La jambe droite avance vers le sud-ouest, tourne vers la gauche pour faire face au nord-est. Lever les deux coudes, le coude gauche bloquant en JODAN YOKO-UKE, le poing droit (paume vers le bas) en contact avec l'intérieur du coude gauche.

⑲

挙動
Move/Mouvement

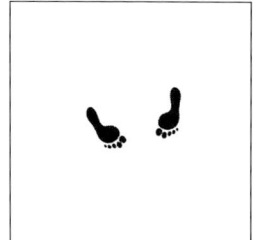

南方向に向き右三戦立ち、肘を伸ばし肩の高さで手刀打ち、右拳腰。

Turn to the south into right SANCHINDACHI, the right arm straightens at shoulder level to strike SHUTOUCHI, the left fist pulls back to the hip.

Se tourner vers le sud en SANCHINDACHI droit. Le bras droit s'étend au niveau de l'épaule pour frapper en SHUTOUCHI, le poing gauche tiré en arrière à la hanchhe.

⑲ 上段手刀打ち

⑳ a

挙動
Move/Mouvement

両手開掌、頭の後方に（流し受け）。

Both hands (open) pull back to behind the head.

Tirer les deux mains (ouvertes) derrière la tête.

⑳ a 双手上段流し受け

⑳ b

挙動
Move/Mouvement

肩の高さに双手手刀打ち。

Then strike MOROTE SHUTO-UCHI at shoulder level.

Puis frapper en MOROTE SHUTOUCHI au niveau des épaules.

⑳ c

挙動
Move/Mouvement

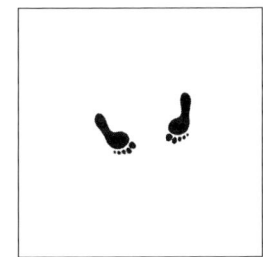

右掌掬い受け。

The right hand (open, palm up) blocks SUKUIUKE.

La main droite (ouverte, paume vers le haut) bloque en SUKUIUKE.

㉑

挙動
Move/Mouvement

寄り足右三戦立ちより前屈立ち、右拳中段突き。

The right leg slides forward with YORIASHI into right ZENKUTSUDACHI, the right fist punches CHUDANZUKI.

La jambe droite glisse en avant avec YORIASHI en ZENKUTSUDACHI droit, le poing droit donne un coup en CHUDANZUKI.

㉒ a

挙動
Move/Mouvement

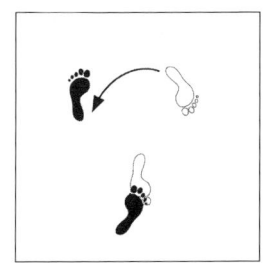

北方向に向き左拳中段受け。

Turn to the north; the left fist blocks CHUDANUKE.

Se tourner vers le nord; le poing gauche bloque en CHUDANUKE.

裏正面
(view from the rear)
(vu de l'arrière)

安南硬　Ananko　33

㉒ b

挙動
Move/Mouvement

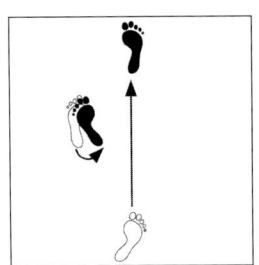

右足一歩踏み出し右前屈立ち、右拳中段受け。

The right leg steps forward one step into right ZENKUTSUDACHI, the right fist blocks CHUDANUKE.

La jambe droite avance d'un pas en ZENKUTSUDACHI droit, le poing droit bloque en CHUDANUKE.

裏正面
(view from the rear)
(vu de l'arrière)

㉓ a

挙動
Move/Mouvement

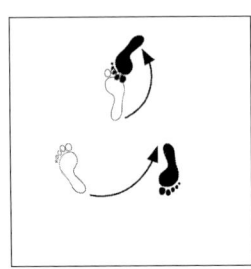

南方向に向き左前屈立ち、左拳中段受け。

Turn to the south into left ZENKUTSUDACHI, the left fists blocks CHUDANUKE.

Se tourner vers le sud en ZENKUTSUDACHI gauche, le poing gauche bloque en CHUDANUKE.

㉓ b

挙動
Move/Mouvement

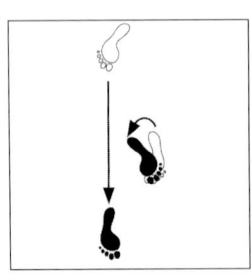

右足一歩踏み出し右前屈立ち、右拳中段受け。

The right leg steps forward one step into right ZENKUTSUDACHI, the right fist blocks CHUDANUKE.

La jambe droite avance d'un pas en ZENKUTSUDACHI droit, le poing droit bloque en CHUDANUKE.

㉔ a

挙動
Move/Mouvement

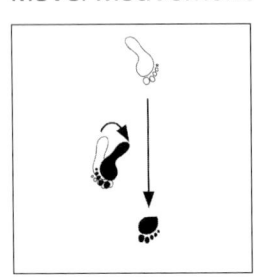

左足踏み出し左猫足立ち、左中段掛手。

The left leg steps forward into left NEKOASHIDACHI, the left hand grabs with CHUDAN KAKETE.

La jambe gauche avance en NEKOASHIDACHI gauche, la main gauche saisit avec CHUDAN KAKETE.

⑳ b
挙動
Move/Mouvement

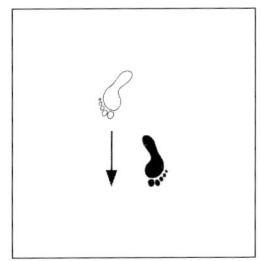

左踵をつけ右足中段蹴り。

Drop the left heel to the floor and the right leg kicks CHUDAN-GERI.

Laisser tomber le talon gauche au sol et la jambe droite donne un coup en CHUDANGERI.

㉔ b 相手の手を取り下段直蹴り

㉔ c 相手を引き込み右拳中段突きを行なう

㉔ c
挙動
Move/Mouvement

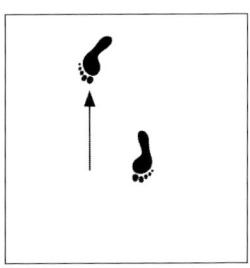

右足をおろし左前屈立ちとなり、右拳中段突き。

Stepping back into left ZENKUTSUDACHI; the right fist punches CHUDANZUKI.

Tout en reculant en ZENKUTSUDACHI gauche; le poing droit donne un coup en CHUDANZUKI.

㉔ d
挙動
Move/Mouvement

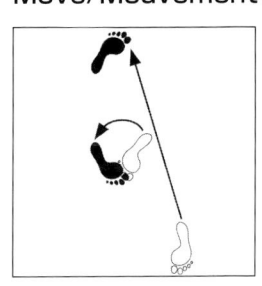

左足を引いて四股立ちとなり、両手を開き腰に構える。

The left leg pulls back into SHIKODACHI; both hands (open) pull back to the hips.

La jambe gauche recule en SHIKODACHI; les deux mains (ouvertes) tirées en arrière aux hanches.

㉔ e

挙動
Move/Mouvement

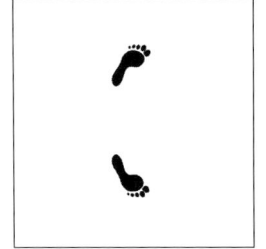

金的前に四本貫手。

Before striking downwards into front of the groin.

Avant de frapper vers le bas devant l'aine.

㉔ e 倒した相手に四本貫手で攻撃

㉔ f

挙動
Move/Mouvement

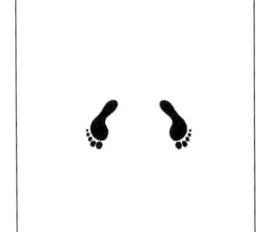

八字立ち両拳握り両太腿に構える。

Stand in HACHIJIDACHI, fists clenched in front of each thigh, eyes facing south.

Se tenir en HACIJIDACHI, les poings serrés devant chaque cuisse, les yeux face au sud.

㉔ g

挙動
Move/Mouvement

右足の右斜後方に引き南方向に向き、左足に寄せ両開掌重ねる。

The right leg pulls diagonally back to the right, turning to face south. The left leg pulls back to the starting position, both hands open, one over the other.

La jambe droite recule en diagonale vers la droite, tournant pour faire face au sud. La jambe gauche recule à la position de départ, les deux mains ouvertes l'une sur l'autre.

四方公相君
Shiho Kosokun

用意 Ready/Prêt

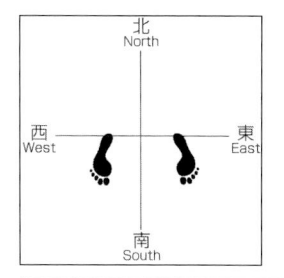

平行立ち両開掌を合わせ金的前。

Standing in HEIKODACHI, bring both hands open together in front of the groin.

Posture HEIKODACHI, amener les deux mains ouvertes ensemble devant l'aine.

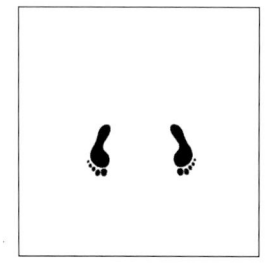

① a 挙動 Move/Mouvement

頭上に両開掌を合わせる。

Raise both hands (open) above the head.

Lever les deux mains (ouvertes) au-dessus de la tête.

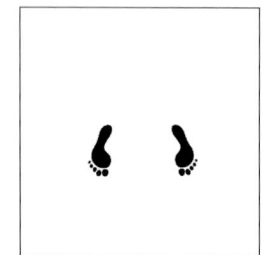

① b 挙動 Move/Mouvement

円をかきつつおろす。左掌内に手刀を当てる。

And circle them down, the right hand strikes SHUTO into the left hand.

Et les joindre en cercle en bas, la main droite frappe en SHUTO dans la main gauche.

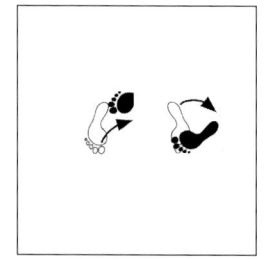

② 挙動 Move/Mouvement

西方向右猫足立ちとなり、右手刀中段受け、左開掌水月前。

Turn to face west into right NEKOASHIDACHI; the right hand blocks CHUDAN SHUTO-UKE; the left hand (open) in front of the solar plexus.

Se tourner pour faire face à l'ouest en NEKOASHIDACHI droit, la main droite bloque en CHUDAN SHUTO-UKE; la main gauche (ouverte) devant le plexus solaire.

③

挙動
Move/Mouvement

東方向に左猫足立ち、左中段手刀受け。

Turn to the east into left NEKOASHIDACHI; the left hand blocks CHUDAN SHUTO-UKE; the right hand (open) in front of the solar plexus.

Se tourner vers l'est en NEKOASHIDACHI gauche; la main gauche bloque en CHUDAN SHUTO-UKE; la main droite (ouverte) devant le plexus solaire.

④

挙動
Move/Mouvement

右足踏み出し、右猫足立ちとなり、右手刀中段受け（目付東）。

The right leg steps forward into right NEKOASHIDACHI; the right hand locks CHUDAN SHUTO-UKE (still facing east).

La Jambe droite avance en NEKOASHIDACHI droit; la main droite bloque en CHUDAN SHUTO-UKE (toujours face à l'est).

⑤

挙動
Move/Mouvement

左足一歩踏み出し、左猫足立ち、左中段手刀受け。

Step straight forward into left NEKOASHIDACHI; the left hand blocks CHUDAN SHUTO-UKE; the right hand in front of the solar plexus.

Avancer droit en NEKOASHIDACHI gauche; la main gauche bloque en CHUDAN SHUTO-UKE; la main droite devant le plexus solaire.

⑥

挙動
Move/Mouvement

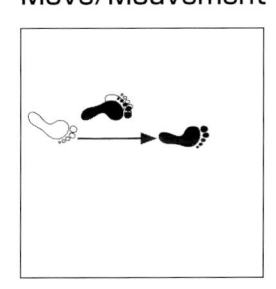

東方向、右足踏み出し、右自然立ちとなり左拳腰に握ると共に右縦貫手。

The right leg steps forward into right SHIZENDACHI; the right hand strikes YONHON-NUKITE; the left hand pulls back to the hip.

La jambe droite avance en SHIZENDACHI droit; la main droite frappe en YONHON-NUKITE; la main gauche tirée en arrière à la hanche.

四方公相君 Shiho Kosokun 39

⑦
挙動
Move/Mouvement

西方向（後方）に振り向き、左掌を上段にかざし、右掌掬い上段受け。

Turn behind to the west; the left hand (open) blocks to the forehead (palm forward); the right hand blocks JODAN SUKUI-UKE.

Se tourneren arrière vers l'ouest; la main gauche (ouverte) bloque au front (paume en avant); la main droite bloque en JODAN SUKUI-UKE.

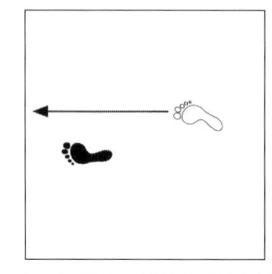

⑧ a
挙動
Move/Mouvement

右足正面蹴り込み。

The right leg kicks CHUDAN-GERI.

La jambe droite donne un coup en CHUDAN-GERI.

⑧ b
挙動
Move/Mouvement

おろすと同時に東方向に向き下段払い（目付東）、右手上段カバー。

Stepping forward but looking behind to the east; the left fist blocks GEDANBARAI; the right fist covers to the JODAN level.

En avançant mais en regardant en arrière vers l'est; le poing gauche bloque en GEDANBARAI; le poing droit couvre au niveau de JODAN.

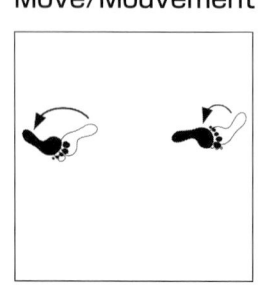

⑨
挙動
Move/Mouvement

落し下段払いのまま左下段払いを右肩もちきたり、右拳下段に打ち払う。

Staying low, the left fist draws back to the right shoulder as the right fist strikes GEDAN UCHIBARAI.

Tout en restant bas, le poing gauche recule à l'épaule droite alors que le poing droit frappe en GEDAN UCHIBARAI.

⑩ 挙動 Move/Mouvement

体を起こし左掌下段払い、右拳腰構（目付東）。

Pull the body back as the left fist blocks GEDANBARAI; the right fist pulls back to the hip.

Tirer le corps vers l'arrière alors que le poing gauche bloque en GEDANBARAI; le poing droit tiré en arrière à la hanche.

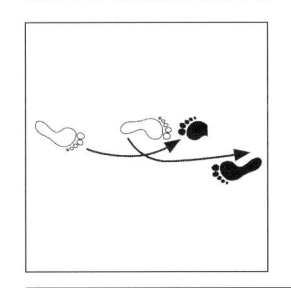

⑪ 挙動 Move/Mouvement

東方向に右足を踏み出すと共に、左足を踏み出し左回り西方向に右猫足立ちとなり、右手刀中段受け（目付西）。

The right leg steps forward to the east, pivot on that foot left-wise as the left leg steps behind, turning to face west in right NEKOASHIDACHI; the right hand blocks CHUDAN SHUTO-UKE (eyes facing west).

La jambe droite avance vers l'est. Pivoter vers la gauche sur ce pied alors que la jambe gauche recule, se tournant pour faire face à l'ouest en NEKOASHIDACHI droit; la main droite bloque en CHUDAN SHUTO-UKE (les yeux face à l'ouest).

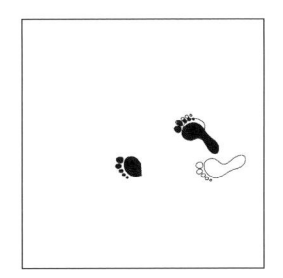

⑫ 挙動 Move/Mouvement

左足前方に踏み出し左猫足立ち、左手刀中段受け。

The left leg steps forward into left NEKOASHIDACHI; the left hand blocks CHUDAN SHUTO-UKE.

La jambe gauche avance en NEKOASHIDACHI gauche; la main gauche bloque en CHUDAN SHUTO-UKE.

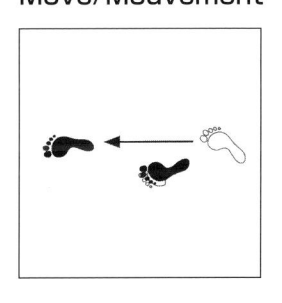

⑬ 挙動 Move/Mouvement

西方向右足踏み出し、右自然立ち縦貫手、左拳腰に握る。

The right leg steps forward into right SHIZENDACHI; the right hand strikes YONHON-NUKITE; the left fist pulls back to the hip.

La jambe droite avance en SHIZENDACHI droit; la main droite frappe en YONHON-NUKITE; le poing gauche tiré en arrière à la hanche.

⑭ 挙動 Move/Mouvement

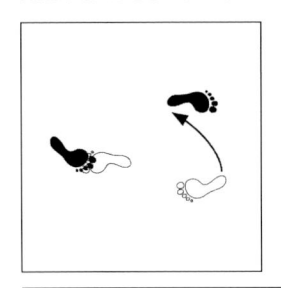

後方に振り向き、挙動⑦（東方向）。

Turn behind to face east, repeating the same moves from Step 8a,b (facing east).

Se tourner vers l'arrière pour faire face à l'est en répétant les mêmes mouvements que dans les Mouvements 8a, b (en faisant face à l'est).

⑮ a 挙動 Move/Mouvement

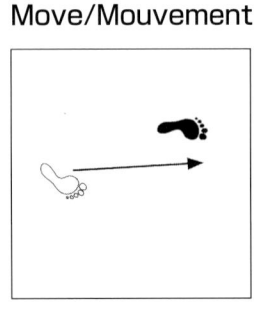

挙動⑧a と同じ（東方向）。

Repeat as in Step ⑧a (facing west).

Répéter les mouvements du Mouvement ⑧a (en faisant face à l'ouest).

⑮ b 挙動 Move/Mouvement

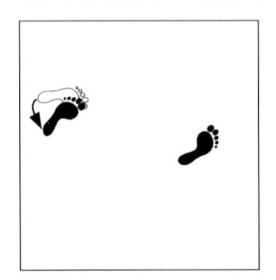

挙動⑧b と同じ（西方向）。

Repeat as in Step ⑧b (facing west).

Répéter les mouvements du Mouvement ⑧b (en faisant face à l'ouest).

⑯ 挙動 Move/Mouvement

挙動⑨を繰り返す（西方向）。

Repeat as in Step ⑨.

Répéter les mouvements du Mouvement ⑨.

⑰ 挙動 Move/Mouvement

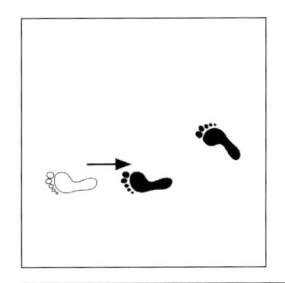

挙動⑩を繰り返す（西方向）。

Repeat as in Step ⑩.

Répéter les mouvements du Mouvement ⑩.

⑱ 挙動 Move/Mouvement

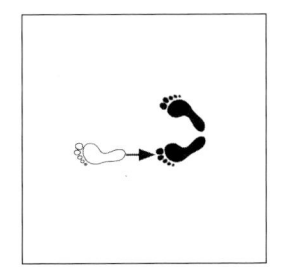

左足を右足に引き寄せ（体眼西方向に面し）、結び立ち右体構え（目付西）、右拳甲下左拳甲上、重ねて右腰に構える。

The left leg pulls back to the right leg into MUSUBIDACHI; the right fist pulls down to the hip; the left fist (palm down) over the right fist, the forearm level, in front of the solar plexus.

La jambe gauche se place derrière la jambe droite en MUSUBIDACHI; le poing droit tiré vers le ba sà la hanche; le poing gauche (paume vers le bas) par dessus le poing droit, l'avant-bras horizontal devant le plexus solaire.

⑲ a 挙動 Move/Mouvement

南方向に左拳横払い、左足正面蹴り。

The left fist blocks to the south with YOKOBARAI at the same time as the left leg kicks CHUDANGERI.

Le poing gauche bloque au sud avec YOKOBARAI pendant que la jambe gauche donne un coup en CHUDANGERI.

⑲ b 挙動 Move/Mouvement

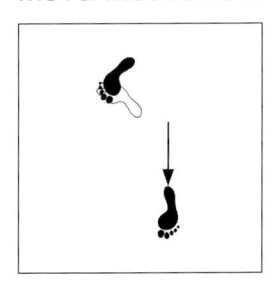

前方に踏みおろす。左前屈立ち、右拳横エンピに左拳を当てる（後目付南）。

Stepping forward into left ZENKUTSUDACHI; the right elbow strikes ENPI into the open left hand (eyes facing south).

Avancer en ZENKUTSUDACHI; le coude droit frappe en ENPI dans la main gauche ouverte (les youx face au sud).

四方公相君　Shiho Kosokun

⑳ a

挙動
Move/Mouvement

右足を左足に寄せ結び立ち、左体構えとなる（目付西）。

The right leg pulls back to the left leg into MUSUBIDACHI; the left fist pulls back to the hip; the right fist over the left fist (palm down).

La jambe droite recule à la jambe gauche en MUSUBIDACHI; le poing gauche tiré en arrière à la hanche; le poing droit par dessus le poing gauche (paume vers le bas).

⑳ b

挙動
Move/Mouvement

右拳横払いと同時に右足正面蹴り。

The right fist blocks with YOKO-BARAI as the right leg kicks CHUDANGERI.

Le poing droit bloque avec YOKO-BARAI alors que la jambe droite donne un coup en CHUDANGERI.

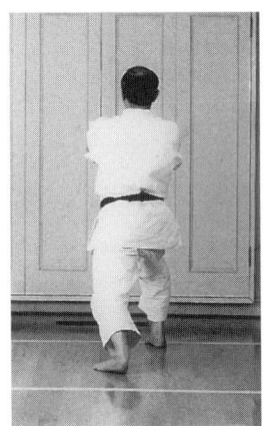

⑳ c

挙動
Move/Mouvement

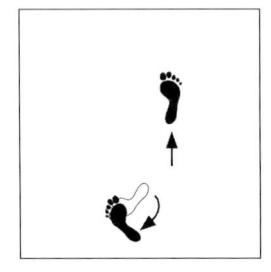

前に踏みおろし右前屈立ち（南側屈立ち）となり、左拳横エンピに右掌内を当てる。

Stepping forward into right ZENKUTSUDACHI; the left elbow strikes ENPI into the open right hand.

Avancer en ZENKUTSUDACHI droit; le coude gauche frappe en ENPI dans la main droite ouverte.

㉑

挙動
Move/Mouvement

左足を南西方向に移し左猫足立ちとなり、左中段手刀受け。

Shift to the southeast into left NEKOASHIDACHI; the left hand blocks CHUDAN SHUTO-UKE.

Passer au sud-est en NEKOASHIDACHI gauche; la main gauche bloque en CHUDAN SHUTO-UKE.

㉒ 挙動 Move/Mouvement

右足一歩踏み出し右猫足立ち、右中段手刀受け。

The right leg steps forward into right NEKOASHIDACHI; the right hand blocks CHUDAN SHUTO-UKE.

La jame droite avance en NEKOASHIDACHI droit; la main droite bloque CHUDAN SHUTO-UKE.

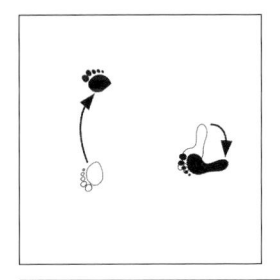

㉓ 挙動 Move/Mouvement

右猫足立ちを北西方向に移し、右手刀中段受け。

Shift the right leg to the southwest into right NEKOASHI-DACHI; the right hand blocks CHUDAN SHUTO-UKE.

Faire passer la jambe droite au sud-ouest en NEKOASHI-DACHI droit; la main droite bloque en CHUDAN SHUTO-UKE.

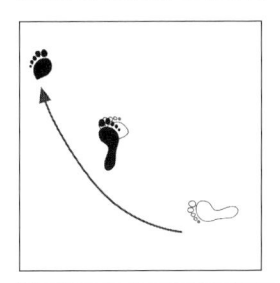

㉔ 挙動 Move/Mouvement

左足踏み出し左猫足立ち、左中段手刀受け。

The left leg steps forward into left NEKOASHIDACHI; the left hand blocks CHUDAN SHUTO-UKE.

La jambe gauche avance en NEKOASHIDACHI gauche; la main gauche bloque en CHUDAN SHUTO-UKE.

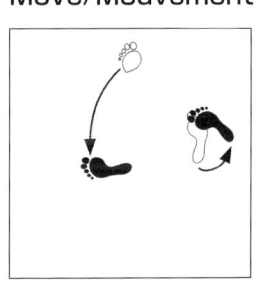

㉕ 挙動 Move/Mouvement

左足を西方向に移し左自然立ち、左開掌上段受け、右開掌上段に打ち伸ばす。

The left leg shifts to the west into left SHIZENDACHI; the left hand (open) blocks to the forehead (palm forward); the right hand strikes JODAN SHUTO-UCHI.

La jambe gauche passe à l'ouest en SHIZENDACHI gauche; la main gauche (ouverte) bloque au front (paume vers l'avant); la main droite frappe en JODAN SHUTO-UCHI.

四方公相君 Shiho Kosokun

㉖ a
挙動
Move/Mouvement

右正面蹴り。

The right leg kicks CHUDAN-GERI.

La jambe droite donne un coup en CHUDANGERI.

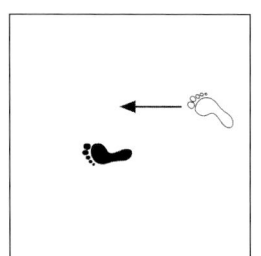

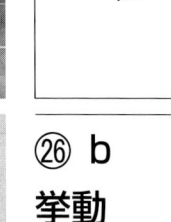

㉖ b
挙動
Move/Mouvement

前方におろし、左開掌上段を打ち落とし、左拳腰に引きつつ左足を右足の後方に。

Stepping forward; the left hand drops down as the left leg is placed behind the right leg into KOSADACHI.

En avançant; la main gauche s'abaisse alors que la jambe gauche se place derrière la jambe droite en KOSADACHI.

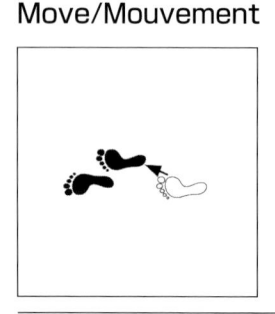

㉖ c
挙動
Move/Mouvement

交差立ちとなり裏打ち（目付西）。

The left hand pulls back to the hip as the right fist strikes URA-UCHI (facing west).

La main gauche tirée en arrière à la hanche alors que le poing droit frappe en URA-UCHI (faisant face à l'ouest).

㉗ a
挙動
Move/Mouvement

左足を後方に引き右自然立ち、右拳中段受け。

The left leg draws back to the rear into right SHIZENDACHI (still facing west); the right fist blocks CHUDANUKE.

La jambe gauche recule en SHIZENDACHI droit (toujours faisant face à l'ouest); le poing droit bloque en CHUDANUKE.

㉗ b

挙動
Move/Mouvement

左拳中段突き。

Followed by left CHUDANZUKI.

Suivi par un CHUDANZUKI gauche.

㉗ c

挙動
Move/Mouvement

右拳中段突き。

Then right CHUDANZUKI.

Puis par un CHUDANZUKI droit.

㉘ a

挙動
Move/Mouvement

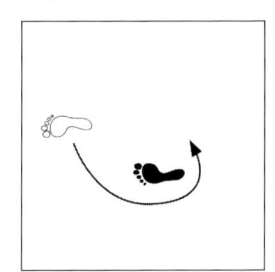

左足軸、右足を上げ、左回り、左掌にて右膝頭、右肘頭を打つ。

Pivot left-wise on the left foot lifting the right leg; the palm of the left hand fits the right knee and right elbow.

Pivoter vers la gauche sur le pied gauche en soulevant la jambe droite; la paume de la main gauche frappe le genou droit et le coude droit.

㉘ b

挙動
Move/Mouvement

踏みおろすと共に左足を東方向に出し、伏虎の構え（体眼西）。

As you land extend the left leg behind (to the east), dropping down into the 'hidden tiger' stance.

En atterrissant, étendre la jambe gauche vers l'arrière (vers l'est) en tombant dans la position du 《Tigre caché》.

四方公相君　Shiho Kosokun

㉙ **挙動** Move/Mouvement

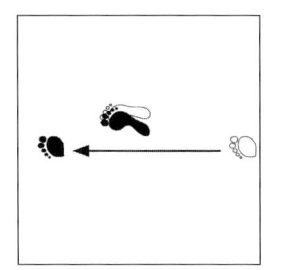

左足踏み出し体を起こし、左猫足立ち、左中段手刀受け。

The left leg steps forward, rising into left NEKOASHIDACHI; the left hand blocks CHUDAN SHUTO-UKE.

La jambe gauche avance en se soulevant en NEKOASHIDACHI gauche; la main gauche bloque en CHUDAN SHUTO-UKE.

㉚ a **挙動** Move/Mouvement

左手刀受けを内側に中段押え。

The left hand blocks down OSAETE.

La main gauche bloque vers le bas en OSAETE.

㉚ b **挙動** Move/Mouvement

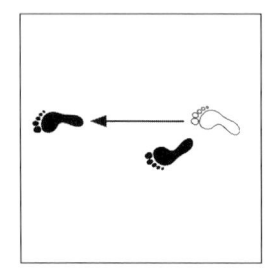

右足を踏み出して右自然立ちとなり押さえ受けの上より中段に右縦貫手。

The right leg steps forward into right ZENKUTSUDACHI; the right hand strikes CHUDAN YONHON-NUKITE over the left hand.

La jambe droite avance en ZENKUTSUDACHI droit; la main droite frappe en CHUDAN YONHON-NUKITE par dessus la main gauche.

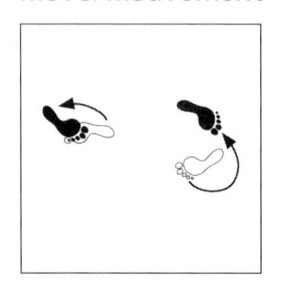

㉛ **挙動** Move/Mouvement

体をひねり、後方（東）に左前屈立ち、右貫手をかつぐようにし、左掌は右肘に接す。

Twist the body to face behind (east) into left ZENKUTSU-DACHI; the right hand NUKITE raises up, the left hand (open) contacting the right elbow.

Tordre le corps pour faire face à l'arrière (est) en ZENKUTSU-DACHI gauche; la main droite s'élève en NUKITE, la main gauche (ouverte) contactant le coude droit.

㉜

挙動
Move/Mouvement

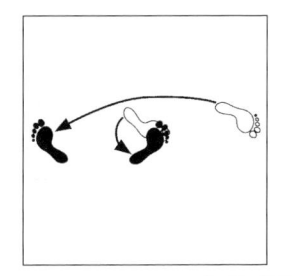

左足を西方向に踏み入れ四股立ち、左拳横払い、右開掌は腰に引き構え。

The left leg steps behind to the west into SHIKODACHI; the left fist blocks YOKO-BARAI; the right hand (open) pulls back to the hip.

La jambe gauche recule vers l'ouest en SHIDODACHI; le poing gauche bloque en YOKO-BARAI; la main droite (ouverte) tirée en arrière à la hanche.

㉝ a

挙動
Move/Mouvement

四股立ちのまま寄足し、左拳裏打ち。

Slide both legs forward in SHIKODACHI; the left fist strikes URA-UCHI.

Faire glisser les deux jambes en avant en SHIKODACHI; le poing gauche frappe en URA-UCHI.

㉝ b

挙動
Move/Mouvement

右拳横エンピに左掌を当てる。

Followed by right ENPI into the open left hand.

Suivi par un ENPI droit dans la main gauche ouverte.

㉞

挙動
Move/Mouvement

左拳L形に上段に構え、右拳は東方向に打ち伸ばす（拳甲南、目付東）。

Raise the left fist vertically above the left shoulder into an 'L-Shaped' KAMAE; the right fist strikes out to the east (back of right hand facing south, eyes facing east).

Lever le poing gauche verticalement au-dessus de l'épaule gauche en un KAMAE 《en forme de L》; le poing droit frappe vers l'est (le dos de la main droite faisant face au sud, les yeux face à l'est).

四方公相君　Shiho Kosokun

㉟
挙動
Move/Mouvement

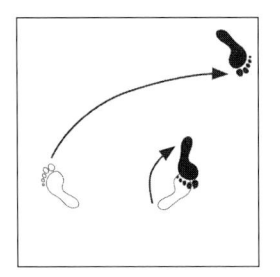

左足北方向に踏み入れ、南方向に右前屈立ち、左拳下段打ち落とし、右拳右肩上にL形にはる（目付南）。

The left leg steps to the north then turn to face south in right ZENKUTSUDACHI; the left fist strikes down GEDAN-UCHI; the right fist is raised vertically above the right shoulder at right-angles.

La jambe gauche avance vers le nord puis tourne pour faire face au sud en ZENKUTSUDACHI droit; le poing gauche frappe vers le bas en GEDAN-UCHI; le poing droit est levé verticalement au-dessus de l'épaule droite à angle droit.

㊱
挙動
Move/Mouvement

続いて左拳上に右肩上の右拳を下段に打ち落とし、両腕をX形に重ねる。

The right fist strikes down over the left fist with GEDAN-UCHI; both arms forming a cross-shape.

Le poing droit frappe vers le bas par dessus le poing gauche en GEDAN-UCHI; les deux bras formant une croix.

㊲
挙動
Move/Mouvement

下段の両拳を開掌、上段交差受けに変化。

Raise both hands above the head, hands still crossed and open, blocking JODAN KOUSA-UKE.

Lever les deux mains au-dessus de la tête, les mains toujours croisées et ouvrir, en bloquant en JODAN KOUSA-UKE.

㊳ a
挙動
Move/Mouvement

両開掌を握り、胸許に引き落とす。

Close both fists and pull down to the front of the chest.

Fermer les deux poings et les tirer vers le bas devant la poitrine.

㊳ b

挙動
Move/Mouvement

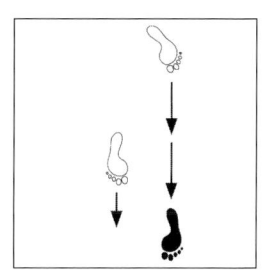

南方向に二段蹴り。

Then kick twice in succession to two levels facing south.

Puis donner deux coups en succession à deux niveaux en faisant face au sud.

㊳ c

挙動
Move/Mouvement

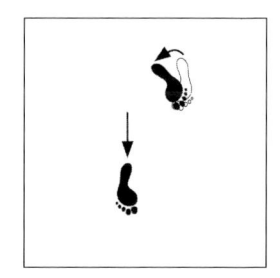

右拳裏拳打ち。

Stepping forward, right fist strikes URAKEN.

Avancer, le poing droit frappe en URAKEN.

㊴

挙動
Move/Mouvement

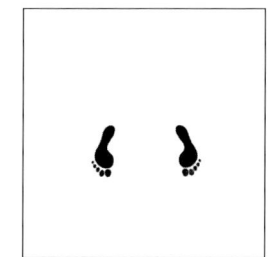

両足に半歩後方にずらし、元に戻る。

Shift both feet backwards half a step and return to the start position.

Reculer des deux pieds d'un demi-pas et retourner à la position de départ.

四方公相君　Shiho Kosokun

十九
Shisochin

用意
Ready/Prêt

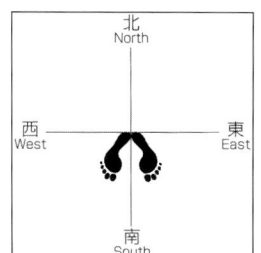

結び立ち、開掌重ねる。

Stand in MUSUBIDACHI; both hands open (palms down) one over the other.

Se tenir en MUSUBIDACHI; les deux mains ouvertes (paumes vers le bas) l'une par dessus l'autre.

北 North / 西 West / 東 East / 南 South

① 挙動
Move/Mouvement

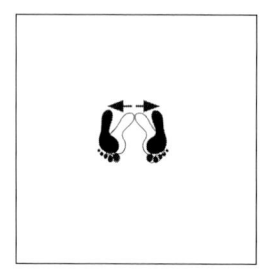

平行立ち、両拳握る。

Stand in HEIKODACHI; both hands close.

Se tenir en HEIKODACHI; les deux mains fermées.

② 挙動
Move/Mouvement

右足前進、右三戦立ち、双手開掌受け。

The right leg steps forward into right SANCHINDACHI; both hands open and block MOROTE-UKE.

La jambe droite avance en SANCHINDACHI droit; les deux mains ouvertes et bloquent en MOROTE-UKE.

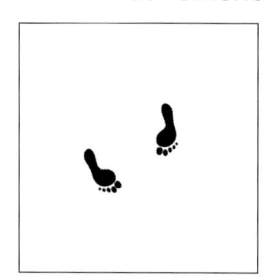

③ a 挙動
Move/Mouvement

左開掌を引き寄せる。

The left hand pulls back.

La main gauche tirée en arrière.

③ b
挙動
Move/Mouvement

左貫手。

Then strikes NUKITE.

Puis frappe en NUKITE.

③ c
挙動
Move/Mouvement

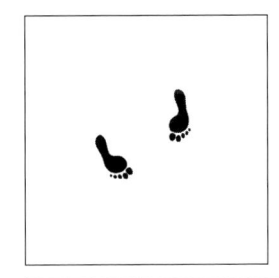

挙動②に戻る。

Before returning to position from Step ②.

Avant de revenir à la position du Mouvement ②.

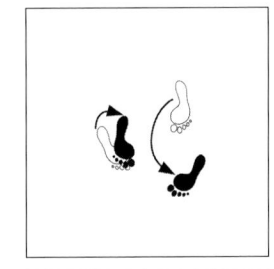

④ a
挙動
Move/Mouvement

a～d　左足前進、双手開掌受けのまま左三戦立ち右貫手、もとの姿勢に戻る。

Maintaining the double-block, the left leg steps forward into left SANCHINDACHI.

Tout en maintenant le double blocage, la jambe gauche avance en SANCHINDACHI gauche.

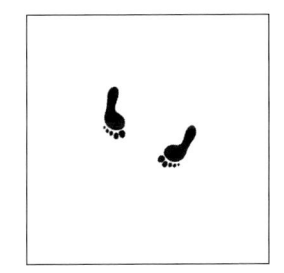

④ b
挙動
Move/Mouvement

The right hand pulls back.

La main droite tirée en arrière.

十九　Shisochin　55

④ c

挙動
Move/Mouvement

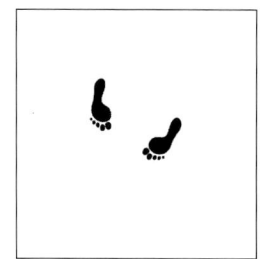

Then strikes with NUKITE.

Puis frappe en NUKITE.

④ d

挙動
Move/Mouvement

Returning to the starting position.

Retour à la position de départ.

⑤ a

挙動
Move/Mouvement

a～d　右足前進、双手開掌受けのまま右三戦立ち左貫手。

Maintaining the double-block, the right leg steps forward into right SANCHINDACHI.

Tout en maintenant le double blocage, la jambe droite avance en SANCHIDACHI droit.

⑤ b

挙動
Move/Mouvement

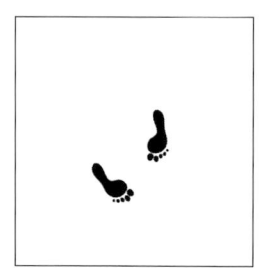

The left hand pulls back.

La main gauche est tirée en arrière.

⑤ c

挙動
Move/Mouvement

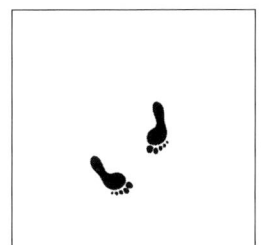

Then strikes NUKITE.

Puis frappe en NUKITE.

⑤ d

挙動
Move/Mouvement

Returning to the starting position.

Retour à la position de départ.

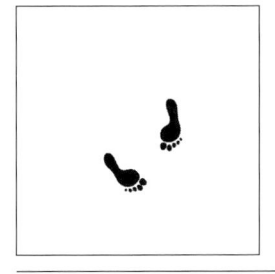

⑥ a

挙動
Move/Mouvement

両手を引き寄せる。

Both hands pull back.

Les deux mains se retirent en arrière.

⑥ b

挙動
Move/Mouvement

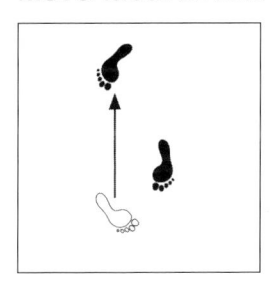

左右の太股脇におろし両手を握る。

The right leg steps back into left ZENKUTSUDACHI, both hands drop down to the side.

La jambe droite recule en ZENKUTSUDACHI gauche, les deux mains tombent aux côtés.

十九 Shisochin

⑦
挙動
Move/Mouvement

南西方向に右足を踏み出し、右前屈立ち右中段裏受け、右掌は左太股脇構え甲上。

The right leg steps to the southwest into right ZENKUTSU-DACHI; the right hand blocks URA-UKE above the open left hand, in KAMAE at the left thigh (palm down).

La jambe droite avance vers le sud-ouest en ZENKUTSU-DACHI droit; la main droite bloque en URA-UKE au-dessus de la main gauche ouverte en KAMAE à la cuisse gauche (paume vers le bas).

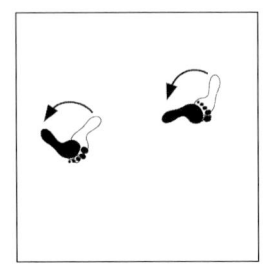

⑧
挙動
Move/Mouvement

北東方向に左前屈立ちとなり、右開掌肘打ち左肩までもちくる。左開掌甲上腰構え。

Rotate into left ZENKUTSUDACHI facing northeast; the right elbow strikes HIJI-UCHI across to the left shoulder; the open left hand in KAMAE at the hip (palm down).

Se tourner en ZENKUTSUDACHI gauche faisant face au nord-est; le coude droit frappe en HIJI-UCHI devant l'épaule gauche; la main gauche ouverte en KAMAE à la hanche (paume vers le bas).

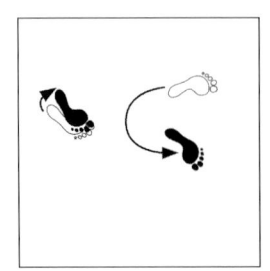

⑨
挙動
Move/Mouvement

挙動⑧体勢から左足南東方向に踏み出し、左前屈立ち、左中段裏受け。

Continuing from the position of Step ⑧, the left leg steps forward to the southeast into left ZENKUTSUDACHI; the left hand blocks CHUDAN URA-UKE.

En continuant depuis la position du Mouvement ⑧, la jambe gauche avance vers le sud-est en ZENKUTSUDACHI gauche; la main gauche bloque en CHUDAN URA-UKE.

⑩
挙動
Move/Mouvement

挙動⑧の反対。

Perform the opposite to Step ⑧.

Exécuter le movement opposé au Mouvement ⑧.

⑪ 挙動 Move/Mouvement

左足を右足に引き寄せ結び立ちとなり、腰を深く下げ、左後エンピ、（右肩越）右拳顔回し突き。

The left leg pulls back to the right leg into MUSUBIDACHI, dropping the hips down low; the left elbow strikes behind with USHIRO ENPI; the right fist strikes over the right shoulder with MAWASHI-ZUKI.

La jambe gauche recule vers la jambe droite en MUSUBI-DACHI en abaissant les hanches; le coude gauche frappe derrière en USHIRO ENPI; le poing droit frappe par dessus l'épaule droite en MAWASHI-ZUKI.

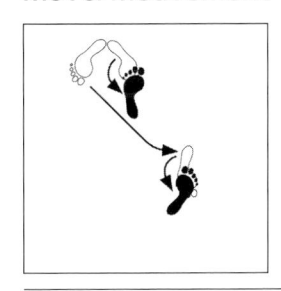

⑫ 挙動 Move/Mouvement

左足を軸とし、北方向に振り向き左前屈立ち、上段開掌交差受け（左前右後）。

Pivot on the left leg to face north in left ZENKUTSUDACHI; both hands (open) block JODAN KOSA-UKE (left hand in front of right hand).

Pivoter sur la jambe gauche pour faire face au nord en ZEN-KUTSUDACHI gauche; les deux mains (ouvertes) bloquent en JODAN KOSA-UKE (la main gauche devant la main droite).

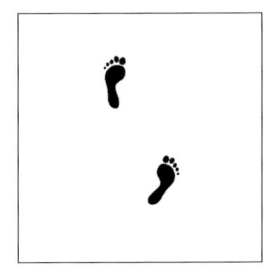

⑬ 挙動 Move/Mouvement

左手そのまま右手引きおろし、開掌右足太股脇に押さえる（甲上）、北方向。

Still facing north, the left hand remains in front while the right hand (open) pulls down to the right thigh blocking OSAETE (palm down).

Faisant toujours face au nord, la main gauche reste devant pendant que la main droite (ouverte) tire à la cuisse droite, bloquant en OSAETE (paume vers le bas).

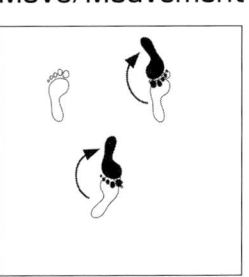

⑭ 挙動 Move/Mouvement

左足を踏みかえ南方向に振り向き、右前屈立ちとなり開掌上段交差受け。

The left leg moves across the body, turning to the south in right ZENKUTSUDACHI; both hands (open) block JODAN KOSAUKE.

La jambe gauche passe devant le corps en tournant vers le sud en ZENKUTSUDACHI droit; les deux mains (ouvertes) bloquent en JODAN KOSAUKE.

十九 Shisochin

⑮

挙動
Move/Mouvement

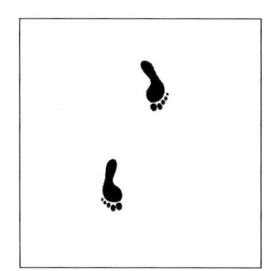

右手そのまま左手（甲上）で押さえる（挙動⑬）。

The right hand doesn't move as the left hand blocks OSAETE (as in Step ⑬).

La main droite ne bouge pas alors que la main gauche bloque en OSAETE (comme dans le Mouvement ⑬).

⑯

挙動
Move/Mouvement

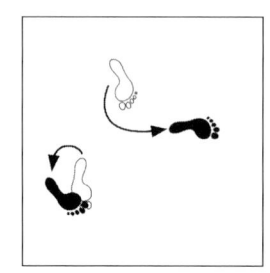

左足を東方向に踏み出し、左前屈立ち上段開交差受け。

The left leg steps to the east into left ZENKUTSUDACHI; both hands block KOSAUKE.

La jambe gauche avance vers l'est en ZENKUTSUDACHI gauche; les deux mains bloquent en KOSAUKE.

⑰

挙動
Move/Mouvement

挙動⑮、⑬を繰り返す。

Repeat the same moves as in Steps ⑮ and ⑬.

Répéter les mêmes mouvements que dans les Mouvements ⑮ et ⑬.

⑱

挙動
Move/Mouvement

左足を踏みかえ西方向に振り向くと共に、右前屈立ち、開掌上段交差受け。

The left leg moves across the body, turning to face west into right ZENKUTSUDACHI as both hands block JODAN KOSA-UKE.

La jambe gauche passe devant le corps en tournant pour faire face à l'ouest en ZENKUTSUDACHI droit alors que les deux mains bloquent en JODAN KOSAUKE.

⑲
挙動
Move/Mouvement

西方向、挙動⑬、⑮、⑰を繰り返す（同じ動作の前後左右四回）。

Repeat the same moves as in Steps ⑬, ⑮ and ⑰.

Répéter les mêmes mouvements que dans les Mouvements ⑬, ⑮ et ⑰.

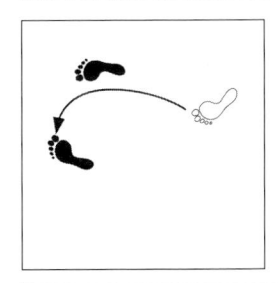

⑳
挙動
Move/Mouvement

左足前進、左三戦立ち左掛手。

The left leg steps forward into left SANCHINDACHI; the left hand grabs KAKETE.

La jambe gauche avance en SANCHINDACHI gauche; la main gauche saisit en KAKETE.

㉑ a
挙動
Move/Mouvement

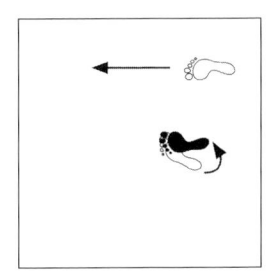

右足、正面蹴り込み。

The right leg kicks CHUDAN.

La jambe droite donne un coup en CHUDAN.

㉑ b
挙動
Move/Mouvement

右前屈立ち開掌右前エンピ、左掌水月甲上。

Stepping forward into right ZENKUTSUDACHI, the right elbow strikes ENPI (hand open) with the left hand covering the solar plexus (palm down).

Reculer en ZENKUTSUDACHI droit: le coude droit frappe en ENPI (main ouverte) avec la main gauche recouvrant le plexus solaire (paume vers le bas).

十九　Shisochin　61

㉒ 挙動 Move/Mouvement

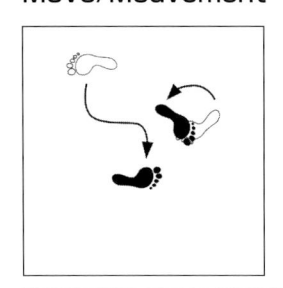

左足軸に東方向、左三戦立ち左掛手受け。

Pivot on the left leg into left SANCHINDACHI facing east; the left hand grabs KAKETE.

Pivoter sur la jambe gauche en SANCHINDACHI gauche faisant face à l'est; la main gauche saisit en KAKETE.

㉓ 挙動 Move/Mouvement

右足前進、右三戦立ち右掛手受け。

The right leg steps forward into right SANCHINDACHI, the right hand blocks KAKETE.

La jambe droite avance en SANCHINDACHI droit, la main droite bloque en KAKETE.

㉔ a 挙動 Move/Mouvement

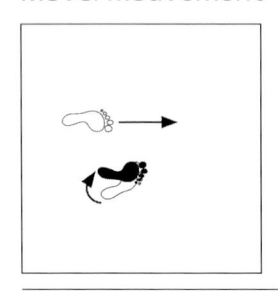

左足正面蹴り。

The left leg kicks CHUDAN.

La jambe gauche donne un coup en CHUDAN.

㉔ b 挙動 Move/Mouvement

左前屈立ち左開掌前エンピ、右開掌甲上水月構え。

Stepping forward into left ZENKUTUSDACHI, the left elbow (hand open) strikes ENPI with the right hand covering the solar plexus (palm down).

Avançant en ZENKUTSUDACHI gauche, le coude gauche (main ouverte) frappe en ENPI avec la main droite recouvrant le plexus solaire (paume vers le bas).

㉕ **挙動** Move/Mouvement

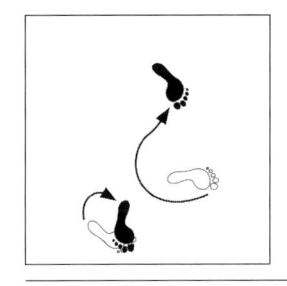

左足を後方（北方向）に引き右足は動かさず、右前屈右前縦エンピ。

The left leg steps behind to the north and without moving the right leg, turn to face south in right ZENKUTSUDACHI, the right elbow strikes ENPI.

La jambe gauche recule vers le nord et sans déplacer la jambe droite, se tourner pour faire face au sud en ZENKUTSUDACHI droit, le coude droit frappe en ENPI.

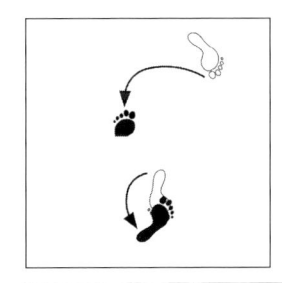

㉖ **挙動** Move/Mouvement

右足を軸に北方向に振り向き、左猫足立ち、双手中段裏受け。

Pivot on the right leg to face north in left NEKOASHIDACHI; both hands (open) block CHUDAN URA-UKE.

Pivoter sur la jambe droite pour faire face au nord en NEKO-ASHIDACHI gauche; les deux mains (ouvertes) bloquent en CHUDAN URA-UKE.

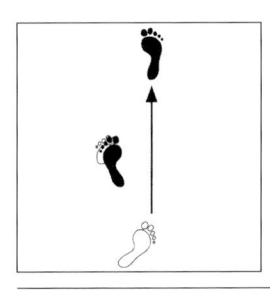

㉗ **挙動** Move/Mouvement

その体勢から右足を踏み出し、両拳握り右前屈立ちとなり双手縦エンピ。

Keeping the hands in the previous position, the right leg steps forward into right ZENKUTSUDACHI; both hands close before striking double-ENPI.

Tout en gardant les mains dans la position précédente, la jambe droite avance en ZENKUTSUDACHI droit; fermer les deux mains avant de frapper en double ENPI.

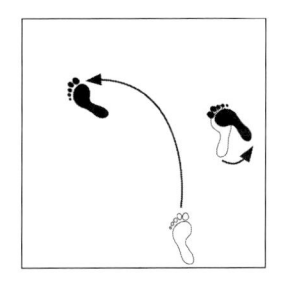

㉘ **挙動** Move/Mouvement

左足を北西方向に進め、左前屈立ち、左中段裏受け、右開掌太股脇。

The left leg steps forward to the northwest into left ZEN-KUTSUDACHI; the left hand blocks CHUDAN URA-UKE; the right hand (open) pulls down to the thigh.

La jambe gauche avance vers le nord-ouest en ZENKUTSU-DACHI gauche; la main gauche bloque en CHUDAN URAUKE; la main droite (ouverte) tire à la cuisse.

㉙ 挙動 Move/Mouvement

北東方向に右前屈立ち、左開掌肘打ち、右開掌甲上腰構え。

Turn to the southeast into right ZENKUTSUDACHI; the left elbow strikes HIJI-UCHI; the right hand in KAMAE at the hip (palm down).

Se tourner vers le sud-est en ZENKUTSUDACHI droit; le coude gauche frappe en HIJI-UCHI; la main droite en KAMAE à la hanche (paume vers le bas).

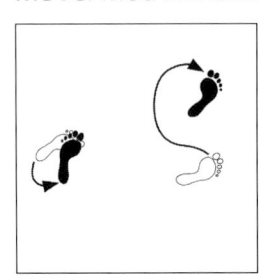

㉚ 挙動 Move/Mouvement

右足を一歩北東方向に踏み出す、右前屈立ち右中段裏受け、左開掌甲上左太股脇。

The right leg steps forward to the northeast into right ZENKUTSUDACHI; the right hand blocks CHUDAN URA-UKE, the left hand pulls down to the thigh (palm down).

La jambe droite avance vers le nord-est en ZENKUTSUDACHI droit; la main droite bloque en CHUDAN URA-UKE, la main gauche tire à la cuisse (paume vers le bas).

㉛ 挙動 Move/Mouvement

北西方向に左前屈立ち、右開掌肘打ち、左開掌甲上腰構え。

Turn to the southwest into left ZENKUTSUDACHI; the right elbow strikes HIJI-UCHI; the left hand in KAMAE at the hip.

Tourner vers le sud-ouest en ZENKUTSUDACHI gauche; le coude droit frappe en HIJI-UCHI; la main gauche en KAMAE à la hanche.

㉜ 挙動 Move/Mouvement

右足を左足に引き寄せ結び立ちとなり、右後エンピ左拳顔面回し突き（北方向）。

The right leg pulls back to the left leg into MUSUBIDACHI (facing north), the right elbow strikes behind with ENPI, the left hand strikes over the left shoulder with MAWASHI-ZUKI.

La jambe droite recule vers la jambe gauche en MUSUBI-DACHI (face au nord), le coude droit frappe derrière en ENPI, la main gauche frappe par dessus l'èpaule gauche en MAWASHI-ZUKI.

㉝ 挙動
Move/Mouvement

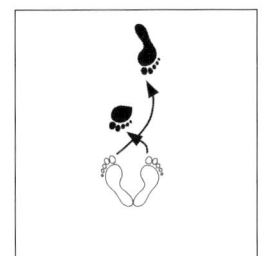

左足を斜前方に出し、それを軸に南方向に振り向き、右猫足立ち右中段裏受け、左開掌にて金的前。

The right leg steps diagonally forward, then pivot on that foot to face south in left NEKOASHIDACHI; the right hand blocks CHUDAN URA-UKE; the left hand in KAMAE in front of the groin.

La jambe droite avance en diagonale puis pivote sur ce pied pour faire face au sud en NEKOASHIDACHI gauche; la main droite bloque en CHUDAN URA-UKE; la main gauche en KAMAE devant l'aine.

㉞ 挙動
Move/Mouvement

右足を左足に引き寄せ結び立ち。

The left leg pulls back to the right leg into MUSUBIDACHI.

La jambe gauche recule vers la jambe droite en MUSUBIDACHI.

山田　治義

「空手をやりすぎて膝を傷めた。」「稽古しすぎて腰痛がひどくなった。」長年空手の指導をしていると、こんな話はよくあることで、接骨院を営む私のところへもそんな相談が頻繁にある。接骨師としては対症療法で治療をするしかないが、空手家としては、気持ちの良くない話である。なぜならば、空手が健康を害するはずがないからである。

　組手などで物理的な外圧による損傷は発生しても、正しい稽古から健康を損なうことがあってはならないのが空手道である。ではなぜそんな故障が発生するのか、予防医学の見地からも精神的・物理的に空手道のありかたについて検証してみることにする。

　人間の身体は、骨格と筋肉の関係によって様々な動きに対応している。運動とはそれぞれの骨の端に関節をはさんで付着した筋腱を神経系でコントロールされた筋肉が収縮することで牽引し関節の曲げ伸ばしを合理的に行なうということである。しかしトレーニングにおいて、関節の可動範囲のなかであればどんなに負荷を掛けても良いというわけではない。言い

"I have hurt my knee doing Karate" "I developed back pain from over-practice" I have often heard these comments in the many years I have been teaching Karate and during consultations in my profession as a chiropractor. As a chiropractor I simply deal with the symptoms, however as a Karate-ka, I feel these stories are unfortunate because Karate should not damage your health. Injury from external physical pressure through practice with an opponent can occur, but proper practice of Karate-do should not harm your health. I will attempt to verify why these injuries occur from a 'preventative medicine' viewpoint by examining the mental and physical aspects of Karate-do.

The human body's diverse range of movement is due to the interaction between the muscles and skeletal framework. Motion consists of two bones forming a joint with ligaments and tendons attached to the ends, under the control of the nervous system which contracts the muscles to bend or extend the joint in a finite range of movement. However in training, exactly how much load can be safely applied within this range of movement is undetermined. To put it another way, Karate practice should involve a finite application of load. Applying high loads to joints at extremely acute or obtuse angles can easily lead

---

"Je me suis abîmé les genoux en faisant du karaté" "Une pratique excessive a développé des douleurs dans mon dos". J'ai souvent entendu ces commentaries au cours des années durant lesquelles j'ai enseigné le karaté et lors de consultations pendant ma profession de chiropracteur. En tant que chiropracteur je ne traite que les symptômes. Cependant, en tant que karatéka, je pense que ces témoignages sont infortunés parce que le karaté ne devrait pas endommager notre santé. Des blessures dues à la pression physique externe exercée pendant la pratique avec un adversaire peuvent se produire, mais la pratique correcte du karaté ne devrait pas nuire à notre santé. Je vais essayer de décrire comment ces blessures se produisent avec une perspective de "médecine préventive" en examinant les aspects mentaux et physiques du karaté.

L'étendue des divers mouvements du corps humain provident de l'interaction des muscles et de la charpente osseuse. Tout movement est le résultat de deux os formant une articulation avec des ligaments et des tendons fixés aux extrémités sous le contrôle du système nerveux qui fait se contracter les muscles pour plier ou étendre l'articulation dans une gamme de mouvements définis. Cependant, lors de l'entraînement, la charge exacte pouvant être appliquée en toute sécurité dans cette gamme de mouvements est endéterminée. Autrement dit, la pratique du karaté doit comprendre l'application d'une charge définie. L'application de charges sur des articulations à des angles extrêmement aigus ou obtus

換えれば、合理的な負荷のかけ方が空手の稽古のあるべき姿である。

　関節に極端な鋭角または鈍角状態で高負荷をかけることは、故障への近道であり、剥離骨折を起こす兎跳びの禁止や、椎間板など腰椎を圧迫する、膝関節を伸ばしたままの腹筋運動の禁止がこれである。もっとも、関節や腱に優しい直角前後の高負荷運動は、筋肉と骨を効率良くかつ安全に強化するものである。

　充分なウォーミングアップと負荷をかける強度と速度の管理、それにストレッチによる関節柔軟性の維持、また基本や形によるエアロビクス能力の強化によってその個人の空手スタイルに適した基礎体力づくりを行なうのが理想である。

　我々の身体は、ご存じのように臓器を除いて左右対称の構造となっている。空突きをすればその反力は引き手と両足など腰を中心に拡散され、身体のどこかでその力の負担を強いられる。しかしその負担が一方向のみで連続したり、一部の関節のみで収束させようとするとやがては故障につながる。このような故障は、特に腰部に多く発生し、その起こり方は緩やかに進行して発見が遅れがちである。

---

to injury. In Japan, the 'rabbit-hop' exercise was banned because it led to chip fractures and compressed disks of the lumbar vertebrae, as was the practice of performing sit-ups with the knee joints extended. Most muscles and bones are strengthened safely and efficiently if joints and tendons are placed under heavy loads at close to right-angles. By sufficiently warming-up and supervising the speed and strength of load application, as well as maintaining joint flexibility through stretching and increasing aerobic ability via basics and Katas, each Karate styles should ideally result in improved basic physical strength.

　Our bodies, as you know, are constructed with left-right symmetry, with the exception of the internal organs. If we punch the air the opposing force is diffused by our pull-back hand (Hikite) and legs with the back acting as the central axis, which places a load on some parts of the body. However, a load placed only in one direction, and converging on a single joint will result in an injury. This type of injury is especially prevalent in the back and even moderately advanced cases tend to be detected late. Without exception, the left and right sides need to be balanced physically. In order to balance the force in most parts of the body while punching as hard as possible in a collection of techniques it is necessary to

---

peut facilement entraîner des blessures. Au japon, l'exercice du "saut de lapin" a été interdit parce qu'il provoque des fractures en éclat et la compression des disques des vertèbres lombaires comme le fait la pratique de relever le torse avec les articulations des genoux étendues. La plupart des os et des muscles sont renforcés sans problème et efficacement si les articulations et les tendons sont placés sous de lourdes charges à angle droit. En s'échauffant et en surveillant suffisamment la vitesse et la force de l'application de la charge ainsi qu'en entretenant la flexibilité de l'articulation au moyen d'exercices d'extension et d'augmentation de la capacité aérobique par des exercices de base et des katas, chaque style de karaté doit idéalement entraîner l'amélioration de la force physique de base.

　Notre corps, comme vous le savez, est construit selon une symétrie gauche-droite à l'exception des organes internes. Si nous donnons un coup en l'air, la force opposée est diffusée par le retrait de notre main (Hikite) et de nos jambes avec le dos servant d'axe central, qui place une charge sur certaines parties du corps. Cependant, une charge appliquée dans une seule direction et convergeant sur une seule articulation entraîne une blessure. Ce type de blessure est spécialement prévalent dans le dos et des cas même moyennement avancés on tendance à tarder être détectés. Les côtés droit et gauche doivent être physiquement équilibrés sans exception. Afin de pouvoir répartir la force dans la plus grande partie du

形はごく一部を除いて左右の運動量が同じであり、正しく打つ限り、できるだけ多くの部位で力を収束させる技の組み合わせとなっているように、基本をはじめとする普段の稽古でも左右バランスのとれたメニューを組むのが故障を防ぐ地道な方法である。形は技の宝庫であると同時に身体に優しい万能稽古メニューなのである。

次に精神面より考察することにする。一般的には緊張状態の保持はアクシデントの予防になり競技的にも良い結果をもたらすと言われている。テレビ中継でよく見るオリンピック陸上競技でのスタート前のパフォーマンスなどもこれに当たるのであろう。しかし我々武道においての緊張時様態とは、興奮することではなく無の境地に近づくことである。すなわちテンションではなくコンセントレーションであり、西洋スポーツが「陽」であれば東洋武道は「陰」である。

研ぎ澄まされた精神とリラックス状態の肉体は、周りの環境に左右されることなく、平常心を越える冷静さと速度で情報分析をなし対処行動に移ることができる。同じ緊張保持の手法でもこの違いは、単独競技で予めなすべきことが決まっている競技と格闘技など組手の動

assemble a menu of exercises to balance both left and right sides of the body during regular training, beginning with the basics. In the Kata there is an all-purpose training regimen that is gentle on the body but teaches a 'treasure' of techniques.

Next, I will consider things from the 'mental' aspects. It is said that maintaining a state of decidedness increases awareness to prevent accidents and brings good results competitively. This can clearly be seen in TV broadcasts of pre-race Olympic track and field events. However, in our Martial arts field, this 'state of arousal' is not one of excitement; rather it is nearing a state of 'nothingness' or 'emptiness'. That is to say, it is not tension but concentration. If Western sports are said to be 'Yang', Eastern Bushido is 'Yin'. With a highly alert mind and body in a relaxed state, and without distractions from your surroundings, you can calmly take control of your presence of mind, quickly analyze information and execute a response. The difference to maintaining a heightened excited state is that, as opposed to single competition where all possible actions or events are predetermined, in one-on-one combat your actions must correspond to those of the opponent. And unlike the Western combative sport of boxing, it is not the attack which is

corps tout en donnant des coups aussi forts que possible dans une variété de techniques, il est nécessaire d'assembler un programme d'execices destiné à équilibrer les côtés gauche et droit du corps pendant tout entraînement normal, en commençant par les exercices de base. Les Katas contiennent un régime d'entraînement universel modéré pour le corps mais contenant un trésor de techniques.

Je vais m'étendre ensuite sur les aspects mentaux. On dit que maintenir un état d'excitation augmente la conscience permettant d'éviter les accidents et de donner de bons résultats compétitifs. Ceci est particulièrement évident lors des diffusions télévisées des événements olympiques d'athlétisme pendant l'échauffement avant les épreuves. Cependant, dans le domaine des arts martiaux, cet «état d'éveil» n'est pas un état d'excitation, mais plutôt un état de "néant" ou de "vide". Autrement dit, il ne s'agit pas de tension, mais de concentration. On dit que les sports occidentaux sont "yang" et que le Bushido oriental est "yin". Avec l'esprit en alerte extrême et le corps en état de relaxation et sans être distrait par l'environnement, vous êtes en mesure de prendre votre présence d'esprit en charge, d'analyser rapidement les informations et de fournir une réponse. La différence est que le maintien d'un état d'excitation est que, contrairement à une compétition simple dans laquelle toutes les actions et événements possibles sont prédéterminés, dans un combat à un contre un, vos actions doivent correspondre à celles de

きに常に対応させる競技との違いから来るものである。また西洋格闘技の代表的なボクシングなどとの違いについても、武道は攻撃を第一とするのではなく、守ることに重きを置いていることを前提とすることで説明され、総ての形の技が受けから始まるのもこれを証明している。要するに形でも組手でもこの考え方を誤ると故障につながり、特に組手においては重大なアクシデントを発生させるものとなる。

　コンセントレーションすなわち集中力を養うのに大切なものが呼吸である。稽古や試合前の禅にも似た静かな呼吸もあれば、繰り出す技のうちに行なう早い呼吸もある。ここで言う呼吸とは、酸素と二酸化炭素の交換活動ではなく、気と力の溜を生み出すために行なう呼吸を言う。
　それは中国後漢時代の医学者「華陀」が医学上の見地から動物の生態研究を書いた「五禽の戯」にもあるように地球上の動物が自然のうちに会得している技であり、吸う時間と吐く時間の組み合わせで気持ちを落ち着けたり、様々な場面での身体の動きに対処しているのである。それを積極的に利用しているのが、極限までの精神力の集中や解放で、自己だけでは

most important but an emphasis on defense, as seen by each technique in Kata beginning with a block. Ignoring this can lead to injuries or accidents, especially in Kumite.

The ability to concentrate is greatly supported by your breathing (Kokyu). We practice a quiet Zen-like breathing before training and before bouts, and a quick breath is expelled when throwing techniques. This type of breathing is concerned not with the exchange of oxygen and carbon dioxide, but in order to produce and store energy (Ki) and power. This was written about by the Chinese Han dynasty physician, Hua To (Kada, in Japanese). From his studies of live bears, he devised the treatise 'The Five Animal Frolics' in which he describes how every animal on earth has a perception of itself as a part of their surrounding natural environment. He wrote how every animal uses a combination of inhaling and exhaling to calm itself, and how their breathing can be used in a variety of situations requiring physical movement. This type of breathing can be actively used to increase mental concentration and freedom of thought to the limit, not just to control yourself but to control your opponent too, as described in the Chinese 'Qi gong' breathing technique. 'Qi gong' signifies the spirit of the self, and involves the release of

votre adversaire. Et à la différence du sport de combat occidental de la boxe, ce n'est pas l'attaque qui compte le plus, mais l'accent est mis sur la défense, comme il est démontré par la technique de chaque kata commençant par un blocage. Ignorer cet aspect peut entraîner des blessures ou des accidents, particulièrement dans le Kumite.

Votre capacité à vous concentrer est grandement supportée par la respiration (Kokyu). Nous pratiquons une respiration calme ressemblant au Zen avant de nous entraîner et avant les combats et un soufflé rapide est expulsé lors des techniques de renversement de l'adversaire. Ce type de respiration n'est pas concerné par l'échange d'oxygène et d'oxyde de carbone, mais par la production et la conservation d'énergie (Ki) et de puissance. Ceci a été décrit par le médecin chinois de la dynastie Han, Hua To (Kada en japonais). Ses études sur les ours vivants l'ont amené à composer le traité intitulé "Les ébats des cinq animaux" dans lequel il décrit la façon dont chaque animal terrestre a une perception de lui-même comme faisant partie de son environnement naturel. Il décrit comment chaque animal utilise une combinaison d'inspiration et d'expiration pour se calmer et comment sa respiration peut être utilisée dans une variété de situations nécessitant des mouvements physiques. Ce type de respiration peut être activement utilisé pour augmenter au maximum la concentration mentale et la liberté de pensée, pas seulement pour se

なく相手までをもコントロールすると言われている気功術であろう。

　気功とは自己の精神を意味し、自己に潜在するエネルギーを自在に操り、自己や相手の精神と身体に直接語りかけるものである。ここでもその鍛錬とは、脊柱線を真っ直ぐにして行なう呼吸法が基本であると聞いている。ゆっくり吸うことで自然界のエネルギーを体内に取り込み、一気に吐いて蓄積されたそれを爆発させる。それが気と力の溜である。

　呼吸は運動機能面からも生理的また物理的に重要である。呼吸という作業は、我々の想像以上に身体に強い意識と負担を要求する。

　ふだんの生活では無意識に呼吸と運動の時間的バランスを取っているが、風邪など病に冒されているとき特に自覚できるように横隔膜の脱力状態からして吸ったり吐いたりする運動中は、その他の運動が疎かになるほど意識を必要とする。自然な呼吸をしながら強度の高い運動ができないのはこの理由であり、特に反射運動能力は極端に低下する。よって組手では自分の呼吸を悟られないことが、相手に隙を与えないためにも重要であることは言うまでもない。

　呼吸の物理面の重要点は「身体の締め」である。呼吸のタイミングを制御して身体の剛性

---

your body's latent energy, as well as being directly related to you and your opponent's state of mind and body. The basis to training in this breathing technique is by breathing with the spine completely straight. Breathing in slowly draws in the energy of the natural world into your body, and this accumulated energy is then expelled explosively in a single instant. This is how energy (Ki) and power are stored.

　From the side of functional movement, breathing is both physically and physiologically necessary. In day-to-day activities, breathing and movement require a timely balance without conscious thought, but when we catch a cold or have some illness, we become aware of the action of the diaphragm as we inhale and exhale during movement, and it becomes necessary to concentrate or else we become careless in our actions. This is why we can't move quickly while taking normal breaths, and our ability to act reflexively is extremely diminished. Needless to say, it is important that an opponent can not detect our breathing in order to expose a weakness.

　An important physical aspect of breathing is the tightening of the body. By controlling the timing

---

contrôler soi-même, mais également pour contrôler l'adversaire, comme décrit dans la technique chinoise de respiration "Qi gong". "Qi gong" signifie l'esprit du moi et implique la libération de l'énergie latente de notre corps, ainsi que la relation directe entre l'état et de notre esprit et celui de notre adversaire. La base de l'entraînement dans cette technique de respiration est de respirer avec la colonne vertébrale parfaitement droite. L'inspiration lente attire l'énergie du monde naturel dans le corps et cette énergie accmulée est alors expulsée de façon explosive en un seul instant. C'est ainsi que l'énergie (Ki) et la puissance sont conservées.

　En ce qui concerne les mouvements fonctionnels, la respiration est nécessaire à la fois physiquement et physiologiquement. Dans les activités de tous les jours, la respiration et les mouvements nécessitent un équilibre synchronisé se produisant sans pensée consciente. Mais lorsque nous avons un rhume ou lorsque nous souffrons d'une maladie, nous devenons conscient de l'action du diaphragme alors que nous inspirons et expirons pendant que nous nous déplaçons et il devient nécessaire de nous concentrer, sinon, nos actions deviennent négligées. C'est la raison pour laquelle nous ne pouvons pas nous déplacer rapidement en respirant normalement et la capacité de nos réflexes à agir est grandement diminuée. Il va sans dire qu'il est important que l'adversaire ne puisse pas détecter notre respiration qui pourrait révéler

を上げることである。相手の攻撃で大きな衝撃を受けてしまう場合では、筋肉を緊張させることにより、肉体の固有振動数を一時的に高め、大きな表面積で短時間にエネルギーを収束させることができ、身体深部の神経組織への衝撃を減少させることで「痛み」を和らげているのである。豆腐を指で弾いた様子と、こんにゃくをそうした場合の違いを想像すれば、ご納得していただけるであろう。

　身体の剛性を上げるということは、攻撃面でも当然重要である。前述した気と力の溜（ため）を相手に伝えるその瞬間に身体を締め、予め蓄えた運動エネルギーを余すところなく攻撃として利用するのである。次に具体的な説明をする。

　F＝ma、力＝質量×加速度、ご存じのニュートンの運動の第２法則、運動方程式である。相手に伝える力（F）の値を上げるためには、体重（m）を増やすかスピード（a）を上げるかまたはその両方かである。現在の組手試合においてこれらの事柄がどう重要かは別の議論に譲るとしても、我々の日々の鍛錬は、この方程式といっても過言ではない。

　空手道の攻撃において、F値を阻害するのは、フリクションロス（摩擦抵抗）と空気抵抗である。後者は拳の前面投影面積より考えても無視できるものであるが、前者の摩擦抵抗と

of your breathing you can increase the rigidity of the body. So when you receive a large impact from an opponent's attack, the muscles become tense, with muscular vibrations increasing instantly but the energy over a large surface is lowered in a short period of time and the impact in the nerve tissues deep within the muscle is reduced, lessening the pain. You can understand the situation by imagining the difference between *tofu* and *konnyaku* when poked with a finger. (*Konnyaku* is a jelly-like food made from 'konjak' flour. It has a rubbery texture and is more durable to poking than *tofu*). Increasing the hardness of the body is obviously essential when attacking, and all accumulated energy is expended during the movement. I will explain this clearly next.

As in the equation from Newton's second law of motion, F=ma, where force is equal to mass times acceleration. To raise the value of the force transmitted to the opponent you can increase the mass or speed, or both. How this matter is important in modern Karate tournaments is something I will leave for another discussion, however it is not too much to say that this equation is part of our daily training. In a Karate attack the 'force' value is hindered by friction and air resistance. The amount of air resistance

un point faible.

Un aspect physique important de la respiration est la tension du corps. Le contrôle du rythme de notre respiration nous permet d'augmenter la rigidité de notre corps. Donc, lorsque notre corps est soumis à l'impact important de l'attaque de notre adversaire, les muscles se tendent et les vibrations musculaires augmentent instantanément, mais l'énergie sur une surface importante est diminuée en une courte période et l'impact sur les tissues nerveux au cœur des muscles est réduit, diminuant la douleur. Vous pouvez comprendre la situation en imaginant la différence entre du tofu et du konnyaku lorsque vous les tâtez du doigt (konnyaku est un aliment ressemblant à de la gelé e fabriqué avec de la farine de "konjak". Il a une texture caoutchouteuse et résiste plus au bout du doigt que le tofu). Augmenter la dureté du corps est évidemment essential lors d'une attaque et toute l'énergie accumulée est dépensée pendant le movement. Je vais expliquer ceci plus clairement par la suite.

Selon l'équation de la seconde loi du movement de Newton, F=ma, la force est égale à l'accélération multipliée par la masse. Afin d'augmenter la valeur de la force transmise à l'adversaire, vous pouvez augmenter la masse ou la vitesse ou les deux. Je vais laisser l'importance de ce sujet dans les tournois

は身体に余分な力が入っている状態を意味している。よって全ての動作中ではその身体の形を保持する以外の力は不用である。

　追い突きにおいて考えると、リラックスした構えから瞬時に踏み出す力を加え、慣性に抵抗することなく踏み出した足が着地した瞬間に足先から適切な角度で、足首・膝・腰の順にロッキングジョイントを行ない、引き手に蓄積されたエネルギーに加え、身体移動によって生まれた全エネルギーが拳に集中されて相手に伝わるのである。足が着地した時の下方向のベクトルでさえ反作用力で利用できるのである。円運動や直線運動など身体の様々な各部の運動エネルギーを関節を締めるタイミングで制御して、最終的な目標物に集中させることでm値を上げ、動作中の力を抜くことでa値を上げ、結果的にF値を高めるのである。無論これらの実践には、それに耐えるだけの基礎体力と動的視力などのテクニック、そして相手を凌駕する精神力が必要なことは当然である。

　これらのことより、呼吸をタイミングとした身体の剛性の制御が、大きな力を相手に伝えるのに如何に重要なものであるかご理解いただきたい。

---

acting on the front air surface area of the fist may be ignored, but friction is relevant when an excess of power is present in the body. In every movement we do, any power not being used to maintain the posture is unnecessary. If we think about 'Oizuki', we start from a relaxed position (Kamae), and we increase power the instant we step forward. With no loss of inertia, the instant the front foot lands there is an appropriate angle of rotation starting in the toes, extending through the ankle, knee and hip which increases the accumulated energy in the 'Hikite' hand, and all this energy generated from the body's movement is concentrated in the fist and transmitted to the opponent. We use this reactive force from the movement vector of the foot hitting the ground. In circular and linear techniques, energy is generated in each part of the movement by controlling the tension in the joints, to increase and concentrate the mass experienced by the target, and by removing tension from the movement itself to increase acceleration resulting in increased force. Naturally, to put this into practice it is essential to have basic stamina and eye-coordination in your technique, as well as the mental strength to dominate your opponent. Above all, it is essential to control the rigidity of the body through your breathing in order to transmit a large force to the opponent.

---

de karaté modernes pour une autre discussion, mais il est réaliste de dire que cette équation fait partie de notre entraînement quotidien. Dans une attaque de karaté, la valeur de la "force" est diminuée par la friction et la résistance de l'air. Le montant de la résistance de l'air agissant sur la surface avant d'un poing peut être ignorée, mais la friction devient pertinente lorsqu'une puissance excessive se trouve dans le corps. Dans chaque movement que nous effectuons, toute puissance non utilisée pour le maintien de la posture est inutile. Considérons "Oizuki": nous commençons par une position détendue (Kamae) et nous augmentons la puissance dès que nous faisons un pas. Sans perdre d'inertie, au moment où notre pied touche le sol, cela crée un angle de rotation approprié commençant aux orteils, passant par la cheville, le genou et la hanche, augmentant l'énergie accumulée dans la main "Hikite" et toute cette énergie générée par les mouvements du corps est concentrée dans le poing et est transmise à l'adversaire. Cette force réactive est utilisée à partir du vecteur du movement du pied frappant le sol. Dans les techniques circulaires et linéaires, l'énergie est générée dans chaque partie du movement en contrôlant la tension des articulations afin d'augmenter et de concentrer la masse ressentie par la cible et en supprimant la tension du movement lui-même pour augmenter l'accélération produisant une force accrue. Naturellement, pour mettre ceciben pratique, il est essential que votre technique possède une résistance et une coordination visuelle de ase et que vous avez la force mentale nécessaire pour dominer votre adversaire. Par dessus

以上、空手道を私なりに解剖学的・精神的また物理的に述べてきた。我々はややもすると、精神論や理詰めなど極端な方向に向かいがちだが、人類の理解していることなど、医学にしても自然科学にしても多分高が知れている。しかし伝統を次世代に伝えるだけでは衰退が見えている。どんな分野のことでも本質に迫る時には、多くの共通項が存在していることも真実である。空手道の先達も経験的・学術的・はたまた政治的に今日の空手道を数百年かかって造り上げて来たのであろう。恩師もそうしてこられたように、私も師の教えのみに甘んじることなく、研鑽を重ね空手道の今後に寄与したいことを告白してこれを結ぶ。

I have explained Karate-do from its anatomical and physical aspects. Although spiritualism and theoretical knowledge tend to head in extreme directions, human comprehension of medicine and natural science is quite high. If we pass on only the tradition of Karate-do to the next generation it will decline, but it is also true that common ground or knowledge exists in any field so teachers of Karate-do may have created today's karate through scientific, political and direct experience over several hundred years. I conclude by saying, as my honored teacher before me, I am not content to just teach, but wish to contribute my experience to the study of Karate.

YAMADA Haruyoshi

tout, il est essentiel de contrôler la rigidité de votre corps au moyen de la respiration afin de transmettre une grande force à votre adversaire.

J'ai expliqué le karaté depuis ses aspects anatomiques et physiques. Bien que les connaissances spirituelle et technique aient tendance à se diriger dans des directions extrêmes, la conpréhension humaine de la médecine et des sciences naturelles est très élevée. Si nous nous contentons de ne passer que la tradition du karaté à la génération suivante, elle déclinera, mais il également vrai qu'un terrain commun de connaissance existe dans tout domaine. Il est donc possible que les professeurs de karaté aient créé le karaté d'aujourd'hui au travers de leur expérience scientifique et politique diectement au cours de plusieurs centaines d'années. Je conclurai en disant, comme mon honoré professeur l'a fait avant moi, que je ne me contente pas d'enseigner, mais je souhaite ajouter la contribution de mon expérience à l'étude du karaté.

YAMADA Haruyoshi

活法
Practical Method
Mèthode Pratique

1．脊活

術者右の膝頭を、対象者の脊椎第5、6節のあたりに当て、左足を後方に引き、両手を対象者の肩よりかけて両脇下に深く差し入れ、指先に力を入れて、対象者の体を引き上げるような気持ちで、後ろに引くこと、2、3回にして蘇生する。

これは、脊椎より肋骨運動を促すことによって蘇生するのである。

1. Spinal Adjustment

Put the right knee around the 5th and 6th spinal joint, draw the left foot back, place both hands deeply into the patient's armpit from the shoulder's side, grip firmly with fingers, and pull the patient backwards two or three times to restore balance.

This practice restores balance by promoting the exercise of the ribs through the spine.

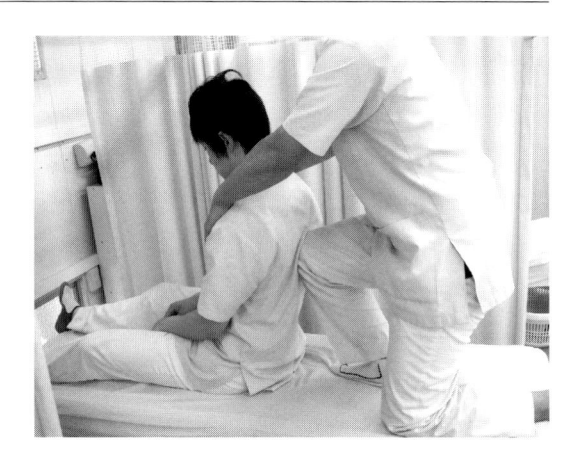

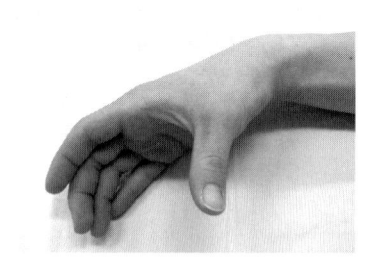

2．脊活（誘活）

術者片方の膝頭を、対象者の脊椎第5、6節のあたりに当て、両掌をもって、よく対象者の両脇より乳下あたりまで摩擦してから、指先を対象者の両脇下に深く差し入れ対象者の身体をグッと後ろ上方に引き上げるようにすると、2、3回で蘇生する。

2. Spinal Adjustment (Induction Adjustment)

Put the right knee around the 5th and 6th spinal joint, place both palms under the patient's chest from below the armpit, rub well, place fingers deeply under the partient's armpit, and pull the patient's body back and upwards firmly two or three times to restore balance.

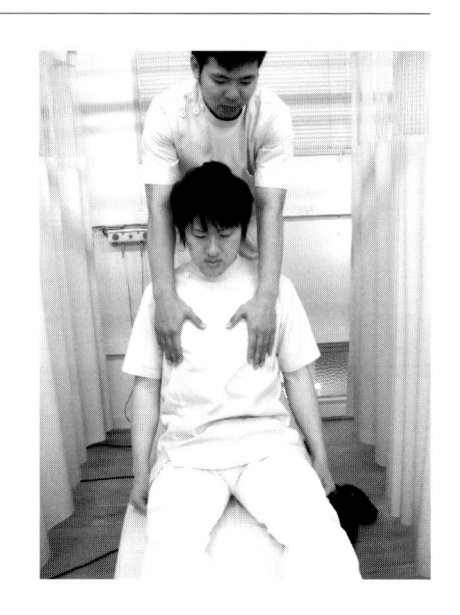

3. 脊活

対象者の上体を起こし、軽い握固の小指球部、または、掌の下方にて脊椎第6節のあたりを按摩の肩を叩く程度の力で軽く2、3回打つと蘇生する。

3. Spinal Adjustment

Have the patient sit up and pound around the 6th spinal joint with strength equivalent to a shoulder massage with a lightly gripped fist with palm facing inwards or downwards to restore balance.

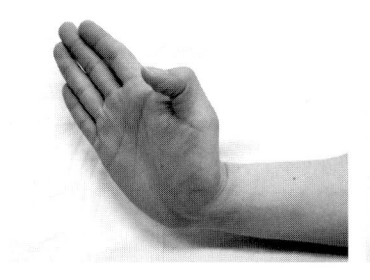

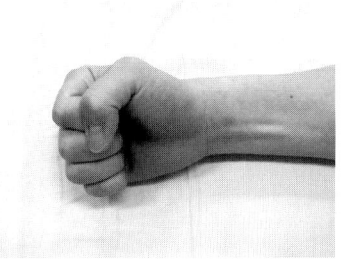

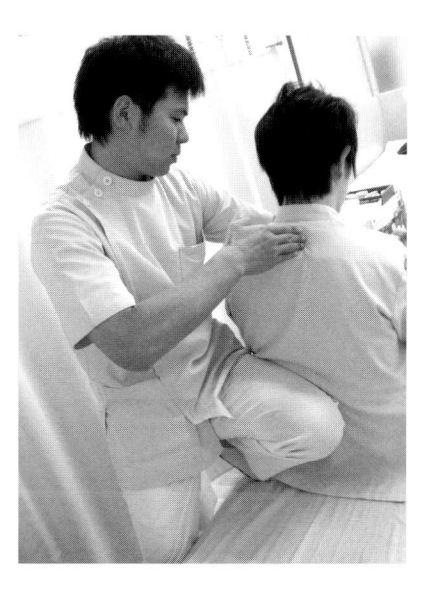

4. 襟活（流派によるとこれを腹活といっている）

対象者を仰向けに寝かし、術者はその右側に右膝を付いて座し、右腕をもって対象者の頸と肩を抱えるようにして、その上体を起こし、倒れないようによく押さえ、右手を写真のごとくにして臍下明星の両脇あたりに当て、エイッとその指先で上に押し上げると同時に、左手で対象者の上体を前に俯向かせるようにすること2、3回で蘇生する。

（これは大小腸、肝臓および脾臓、横隔膜の刺激によって蘇生するのである。）

4. Neck Adjustment
(Some styles call this the Abdominal Adjustment)

Have the patient lie on his/her back, kneel down to the right side of the patient with the right knee on the ground, wrap the right arm around the patient's neck and shoulder, pull the patient up and hold still, put the right hand under the navel as shown in the diagram, and thrust upwards with the fingers as you push the patient's back with your left hand to bend him/her forward two or three times to restore balance.

(This practice restores balance by stimulating the small and large intestines, liver, spleen, and diaphragm.)

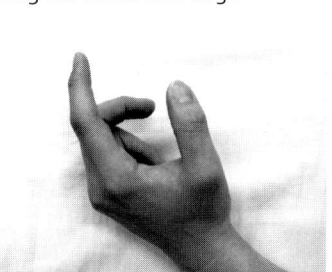

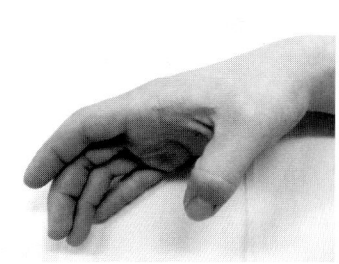

5. 肺活

　対象者の顔を右上方に向けて俯向けに寝かせ、術者は、対象者の両膝あたりに片膝ついて跨り、対象者の脊椎第9、10節の左右を両掌をもって下より上へ付き込むように押し上げては、離すようにすること3、4回で蘇生する。

　（これは、肺臓および胃の伸縮により脊椎大動脈に通じて呼吸運動を促すことによって蘇生する。）

5. Pulmonary Adjustment

　Have the patient lie on his/her stomach with his/her face turned the upper right, straddle around the knee of the patient with the left knee on the ground, and thrust around 9th and 10th spinal joint, downwards with both palms from below to above three or four times to restore balance.

　(This practice restores balance by promoting the exercise of respiration through the spinal trunk by the stretch of the lung and stomach.)

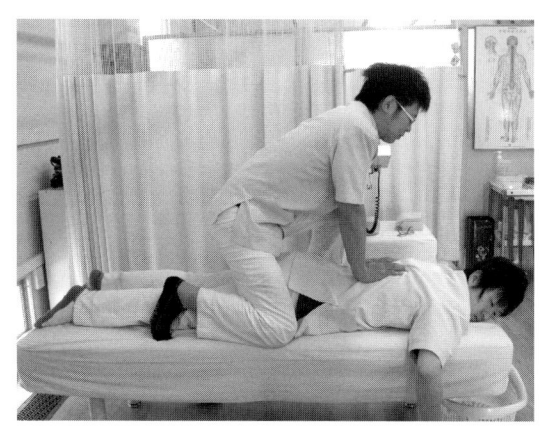

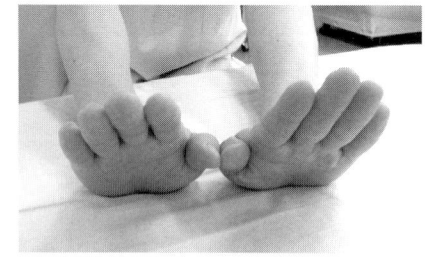

山田式10分整体
YAMADA's 10 Minute CHIRO
10 minutes de CHIRO par YAMADA

○うつ伏せで背部の手技

1. 準備軽擦

   目的…身体全体の緊張を緩和させる。
   位置…腰の上に馬乗りになる。
   方法…背部全体を手のひら全体で上下に軽く擦る。

Face down massage

1. Prepping

   Purpose…Relaxation of muscles.
   Position…Mount position on the hip.
   Practice…Use both palms and gently rub the back.

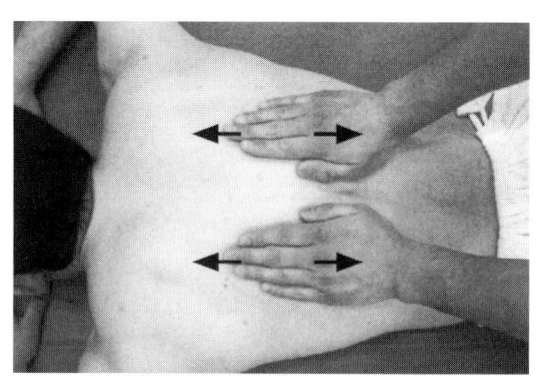

PHOTO 1

PHOTOS 1. 2. 3.

Les techniques qui vont être décrites ont pour but d'étirer et de reposer les différents groupes musculaires sollicités durant les entraînements.

Le sujet est allongé sur le ventre. Le praticien utilise les paumes de ses mains pour effectuer une compression douce et progressive suivie d'un relâchement au niveau du dos du sujet.

Le praticien utilisera surtout les bords internes et externes de ses mains. On peut également varier cette technique en utilisant l'index, le majeur et l'auriculaire.

Le praticien peut aussi faire de l'étirement dans le sens transversal au niveau des muscles lomaires et dorsaux ainsi qu'au niveau des épaules.

Les étirements dans les photos designées sont très spécifiques aux groupes musculaires des members inférieurs et de quelques muscles du tronc.

2. 背骨両側の押圧

   目的…背骨を本来の元の位置に戻して左右のバランスのとれた正しい姿勢を形成する。
   位置…腰の上に馬乗りになる。
   方向…相手の背骨の両側（首から腰にかけて）にある筋肉（脊柱起立筋）を外側に引き離すように約4箇所を3往復左右交互に行なう。
   手の使い方は、左手の小指球で相手の右側の筋肉を引き離し、右手の小指球で相手の左側の筋肉（脊柱起立筋）を外側に引き離す。
   注意…背骨を真上から強く押さえると骨折することがある。

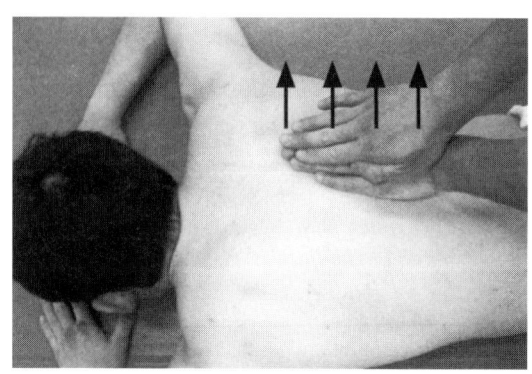

PHOTO 2

2. Massaging both sides of spine

   Purpose… Recovery of bone balance, correct posture angle.
   Position… Mount position on the hip.
   Direction… Pull the muscle (erector muscle of spine) away from the spine. Four points, three sets from neck to hip.
   Precaution… Pressing straight down on spine strongly may cause damage.

3. 腰部の押圧

目的…上半身と下半身の中間部であり、突きや蹴りの練習で疲労した腰部の調整をする。
位置…腰の上に馬乗りになる。
方法…手根部で骨盤の上部の筋肉を外側から内側へゆっくり圧迫。3秒を2回。
注意…ろっ骨があるので強い圧迫は骨折の危険性がある。

3. Massaging the hip

Purpose…Relaxation of hip. Recovery of balance tipped off by practicing thrusts and kicks.
Position…Mount position on hip.
Practice…Use side-of-palm and press the pelvis from outside towards the center of body. Three seconds, two sets.
Precaution…Pressing too strongly may cause damage to the ribs.

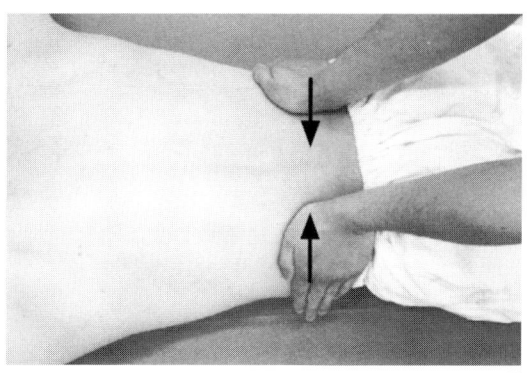

PHOTO 3

4. 尻部の押圧

目的…骨盤部の関節を動かしてねじれをとる。
位置…ふともも後面の上に馬乗りになる。
方法…相手の右足をクロスにし、術者の右足を相手の左足と右足の間に入れる。術者の右足は相手のひざよりも上にくるようにする。浮き上がった尻部を上から下へ3箇所を3回圧迫する。
注意…異性に施す場合はデリケートな部分であるため許可をとる。

4. Massaging the bottom

Purpose... Moving the hip joint to resolve any contortions.
Position... Mount position on back of thighs.
Practice... Cross the patient's right leg on top of the left, and place your leg in-between. Position your leg somewhere between the patient's hip and knees to make the bottom rise. Press the butt, three positions, three times.
Precaution... Ask for permission for females.

PHOTO 4

4. Le sujet est allongé sur le ventre. Le but de l'exercice étant d'étirer le psoas (fléchisseur des hanches) et le quadriceps (extenseur de la jambe). Pour ce faire le praticien va maintenir la partie supérieure du basin du sujet en exerçant une compression douce tout en mettant sa jambe sous celle du sujet de façon à la croiser vers l'autre jambe. Cette compression va être exercée aux différentes parties des fessiers et l'action sera répétée trois fois.

5. ふともも後面（ハムストリングス）の押圧

目的…蹴りを行なう時に働く筋肉で、疲労の除去。
位置…左脚太ももの左横側に向かい合う。
方法…両方の手のひら全体でふともも後面を3箇所、2回上から下へ圧迫する。
注意…強く押さえるとひざのお皿が圧迫され不快となる。ひざの裏の部分は太い血管が通っているために押さえない。

5. Massaging hamstrings

Purpose... Removal of fatigue in muscles important to kicks.
Position... To the left side of left thigh.
Practice... Use both palms and press the back of thighs, three points, two sets, starting from top to bottom.
Precaution... Avoid pressing too strongly on knees. Back of the knee has big veins.

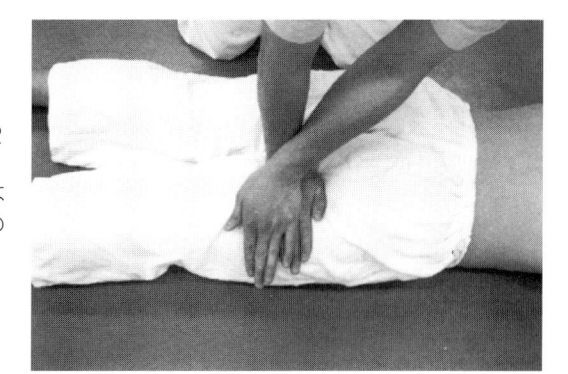

PHOTO 5

5. Le sujet se trouve sur le ventre, le praticien se place latéralement et utilise ses mains pour étirer les muscles ischio-jambiers (fléchisseurs des genoux) en exerçant une compression douce et progressive. On réalise cette compression du haut vers le bas du corps. Cela sera répété deux fois.
Remarque: Durant la compression, il faut être attentive à ne pas exercer une pression trop forte sur les articulations.

6. ひざ下後面（下腿三頭筋）の押圧

目的…歩行・ランニング・ジャンプなど常に動いている筋肉の疲労の除去。
位置…左足の左横側に向き合う。
方法…重ねた両手のひら全体で、ひざ下から、かかとの間の後面を3箇所、2回上から下へ圧迫する。
注意…強く押さえるとひざのお皿が圧迫され不快となる。ひざの裏の部分は太い血管が通っているために押さえない。

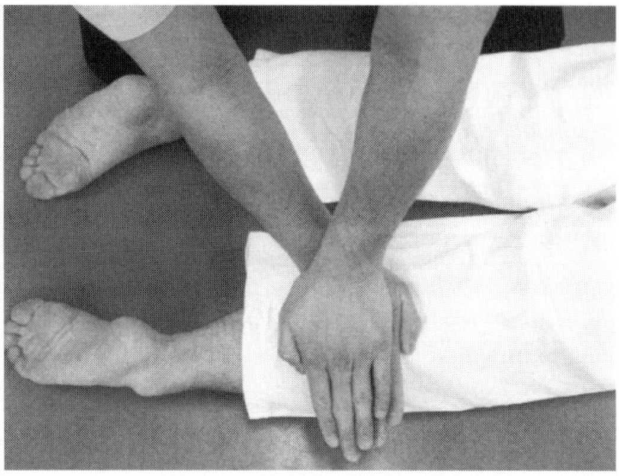

6. Massaging the knee bottom

Purpose…Removal of fatigue of the muscles always moves.
Position… Face the left leg from the side.
Practice… Use both palms and press the back of heel from thighs, three points, two sets, starting from top to bottom.
Precaution… Avoid pressing too strongly on knees. Back of the knee has big veins.

PHOTO 6

6. Afin de soulager les triceps (muscle du mollet) on peut effectuer une compression douce du haut vers le bas des muscles en utilisant la paume entière des deux mains.

---

7. ふともも前面（大腿直筋）のストレッチ

目的…四股立ち・猫足立ち・前屈立ちなどで疲労した筋疲労の除去。
位置…左脚太ももの左横側に向かい合う。
方法…左手で相手の右足首を上から握り、ふともも後面に近づける。これを左右行なう。各々20秒静止。
注意…軽い痛みがでるところで止めておく。

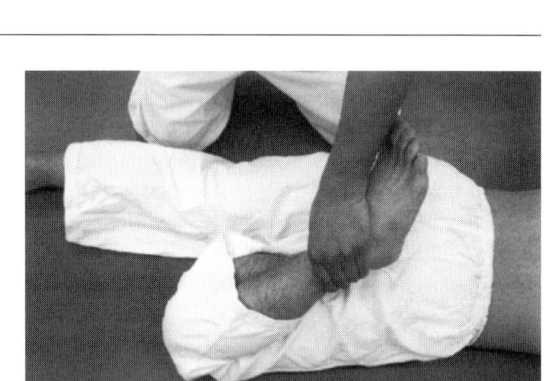

7. Massaging rectus muscles

Purpose…Removal of fatigue from Shikodachi, Nekoashi-dachi, Zenkutsudachi.
Position… To the left side of the left thigh.
Practice… Grip the right ankle with left hand and push towards back of thighs. Hold 20 seconds, switch sides.
Precaution… Ask when it starts to hurt, and stop pushing.

PHOTO 7

7. Le sujet étant sur le ventre, le praticien fléchit la jambe du sujet de manière à rapprocher son talon au niveau de la fesse afin d'étirer les muscles quadriceps (muscles du devant de la jambe). Pour ce faire le praticien se place du côté opposé de la jambe mobilisée.
   Maintenir cet étirement pendant 20 secondes.

---

8. ひざ下前面の押圧

目的…蹴りなどで疲労した筋疲労の除去。
位置…左足の左横側に向き合う。
方法…7の静止状態から右手でひざ下の大きな骨（脛骨）の外側を3箇所、2回圧迫する。

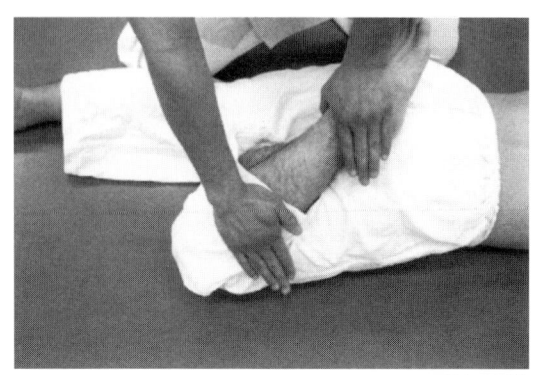

8. Massaging below knees

Purpose… Removal of fatigue in the shin.
Position… Face the left leg from the side.
Practice… From the position of 7, press the outer side of the shin bone with right hand, three points, two sets.

PHOTO 8

8. On peut également travailler les muscles de la jambe et notamment le groupe antérieur (muscle du devant de la jambe) en exerçant tout le long de la jambe une compression avec le bord externe de la main (trenchant de la main). Cet exercice sera réalisé 2 fois.

9. 首の指圧

目的…力が入って緊張している首の筋肉を緩める。
位置…頭の頂点部に向き合うように両ひざでまたぐようにする。
方法…人差し指・中指・薬指の指先（指紋部）全体で肩側の首の付け根から頭部へ回しながら（反時計回り）円を描いて3往復する。
注意…首はデリケートなので力は弱いくらいでよい。

9. Acupressure of the neck

Purpose... Relaxation of the neck muscles.
Position... Sit square, so the patient's head is between your knees.
Practice... Massage gently, as the neck is fragile.

9. Il est essentiel de détendre les muscles de la nuque.
Le sujet est étendu sur le ventre, le front posé sur les mains. Le praticien se place devant sa tête et utilise ses doigts (en croissant le majeur sur l'index) pour effectuer un massage longitudinal des muscles de la nuque en exerçant une compression douce et articulaire (dans le sens inverse des aiguilles d'une montre) et ce trois fois.

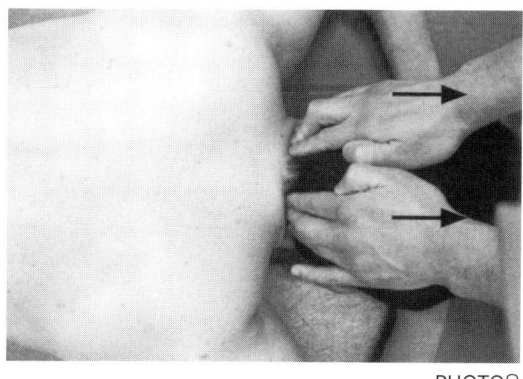

PHOTO9

○横向き（側臥立）での手技

10. 肩甲骨の運動

目的…空手の突きや引き手に重要な働きをする肩甲骨の動きをスムーズにして運動範囲を広げる。
位置…相手の正面に身体をもっていき向き合う。
方法…①相手に右側面を上で横向きにする。
相手の正面に体をもって向き合う。左手を肩甲骨付近に当て右手で肩の前面に当て軽く反時計回りで背骨から引き離すように5回転。
②相手の右腕の下から左腕を通し左手を肩甲骨と背骨の間に入れる。
右手は肩の前面に軽く当てる。肩甲骨内側を腕の方へ引っ張りながら時計回りで背骨から引き離すように5回転。

Sideways massage

10. Shoulder blade exercise

Purpose... Relaxation of the shoulder to make it work more flexible for thrusts or Hikite.
Position... Face towards the front of the patient's body.
Practice (Day 1)... Make the patient's right side up. Place the left hand around the blade bone, right hand around the shoulder, and turn it counter-clock wise away from the spine, five turns.
Practice (Day 2)... Place your left arm under the patient's right arm and the left hand in-between the Kaikotsu and Ryu-no-ma. Place your right hand to the front of the shoulder. Pull the blade bone towards the arms and turn it clockwise away from the spine, five turns.

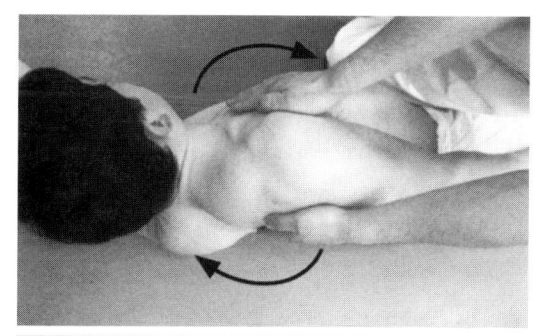

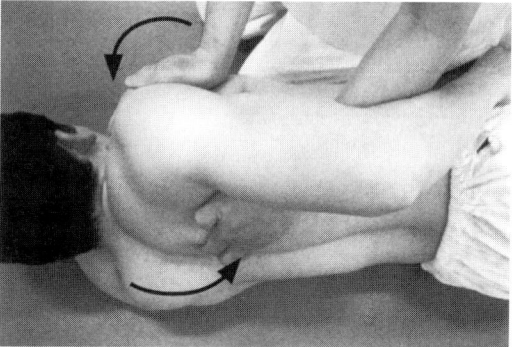

PHOTO10

10. Après un entraînement basé sur les techniques de coups de poing il est nécessaire d'effectuer un travail sur les muscles des épaules.
Le sujet est étendu sur le côté, le praticien se place en avant de lui et tout en maintenant l'articulation de l'épaule il va effectuer des mouvements de rotation et d'élévation de l'épaule dans le sens inverse des aiguilles d'une montre 5 fois de suite puis 5 fois dans le sens contraire.
Ces techniques sont importantes afin d'étirer et de soulager les parties thoraciques, dorsales et la nuque du sujet.

○仰向けでの手技

11. 肩関節の引き離し

目的…肩関節の緊張を緩和させる。
位置…相手の右肩の外側に立つ。
方法…①合谷（※p.85）を刺激。この時、右親指が相手の右手のひらの側。右人差し指が相手の右手の甲側で合谷をはさむ。3秒。
　　　②右手を両手で握る。上下に軽く振る。(5回)
注意…①合谷は強くつかみすぎないようにする。
　　　②強く振り過ぎない。

Face up massage

11. Stretching the shoulder joint

Purpose... Relaxation of shoulder joint.
Position... Stand to the right side of right shoulder.
Practice
  (Day 1)... Stimulate the 'Goukoku' pressure point (in the web between thumb and pointer finger). Your right thumb is the palm side. Squeeze gently three seconds.
  (Day 2)... Grab the right hand with both hands. Shake it vertically (Five times).
Precaution
  (Day 1)... Do not squeeze the 'Goukoku' too strongly.
  (Day 2)... Do not shake too hard.

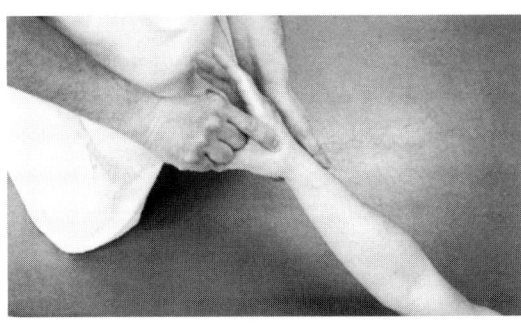

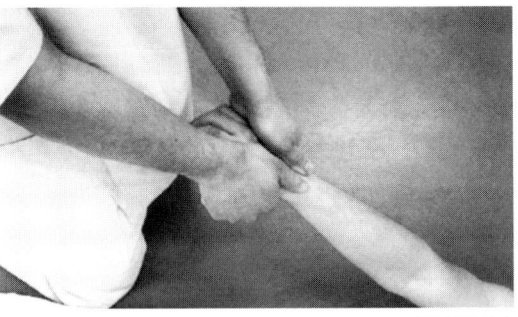

PHOTO 11

11. Il est primordial d'effectuer un exercice d'étirement au niveau du poignet du sujet car durant les entraînements cette articulation subit une contrainte mécanique importante.
  1. Le praticien exerce des mouvements de compression de 3 secondes le long du bord interne de la main du sujet avec son index.
  2. On peut varier cette technique en maintenant le poignet du sujet tout en exerçant une traction vers le praticien. Secouer doucement 5 fois le poignet verticalement.

---

12. ふともも後面（ハムストリングス）とふくらはぎのストレッチ

目的…蹴りを行なう時に強く働く筋肉で、疲労の除去。
位置…相手の片ひざをまたいで馬乗り。
方法…①術者の右肩に相手の左足首を乗せる。
　　　②相手の左ひざに術者の右ひざを軽くのせ、足が浮いてこないように注意する。
　　　③相手の左ひざを左手で押さえ、右足裏を右手で押さえる。
　　　④ひざを伸ばしたままで、つま先と脚全体を身体に近づけていく。
　　　⑤軽く痛みがでる程度で止めておき、20秒静止。
注意…急激な力を加えずに徐々に伸ばしていくようにする。

12. Stretching hamstrings and calves

Purpose... Removal of fatigue en muscles important to kicks.
Position... Sit square above one side of the knee (left or right).
Practice (Day 1)... Place left ankle on your right shoulder.
  (Day 2)... Place your right knee on the patient's left knee to keep it from lifting.
  (Day 3)... Hold the left knee with left hand and press right sole with right hand.
  (Day 4)... With knees straight, push the toe and the whole leg towards the body.
  (Day 5)... Stop when it starts to hurt and hold for 20 seconds.
Precaution···Move it slowly, and avoid any quick moves.

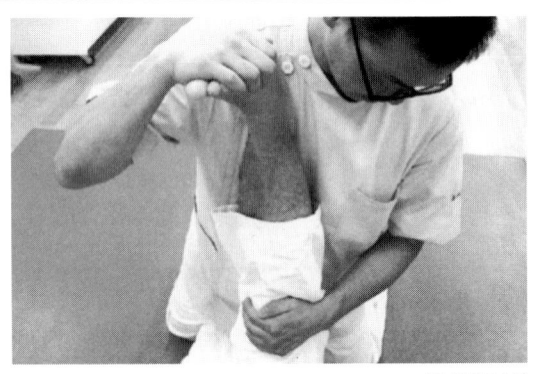

PHOTO 12

PHOTOS 12. 13. 14. 15. 16.

Ce groupe d'execices va permettre de détendre les muscles arrières de la cuisse et de la jambe ainsi que les muscles internes de la jambe et les muscles fessiers.

12. Il s'agit d'un exercice d'étirement qui va travailler tout le groupe postérieur (muscles arrières de la jambe et de la cuisse). Le sujet étant allongé sur le dos, le praticien maintient sa jambe perpendiculaire et va effectuer une flexion dorsale du pied (en repoussant les orteils vers le sol). Maintenir cette position pendant 20 secondes.

13. 尻部のストレッチ

目的…四股立ち・前屈立ち・蹴りなどで疲労した筋疲労の除去。
位置…相手の右脚の右側。
方法…①相手の右ひざの上に左手をおく。
　　　②相手の足首を上から右手でつかむ。
　　　③ひざを曲げながら最大に身体に近づける。
　　　④相手の左ひざに自分の右ひざを軽く乗せ、脚が浮いてこないようにする。
　　　⑤軽く痛みがでる程度で止めておき、20秒静止。

13. Stretching the bottom

Purpose…Removal of fatigue from Shikodachi, Nekoashi-dachi, Zenkutsudachi.
Position…To the right side of right leg.
Practice (Day 1)…Place your left hand on the right knee.
(Day 2)…Grab the ankle from top with right hand.
(Day 3)…With knees bent, push towards the body all the way.
(Day 4)…Place your right knee on the patient's left knee to keep it from lifting.
(Day 5)…Stop when it starts to hurt and hold for 20 seconds.

PHOTO 13

13. Le sujet est allongé sur le dos, le praticien lui fait fléchir le genou et la hanche (genou contre poitrine). Cette technique soulage l'articulation de la hanche et le bassin. Maintenir cette position pendant 20 secondes.

14. 鼠径部のストレッチ

目的…股関節周辺の柔軟性を高める。
位置…相手の両ひざにまたいで馬乗りとなる。
方法…右ひざを最大に曲げる。右手を左腰骨に固定する。左手で右ひざの頭をもち、そのまま外側に倒す。軽く痛みがでるところで20秒静止。

14. Stretching the inguinal area

Purpose…Making the hip joint more flexible.
Position…Sit on top of both knees.
Practice…Bend right knee all the way. Plant your right hand to the left hip bone. Grab the top of the right knee with left hand and push outwards. Stop when it starts to hurt and hold for 20 seconds.

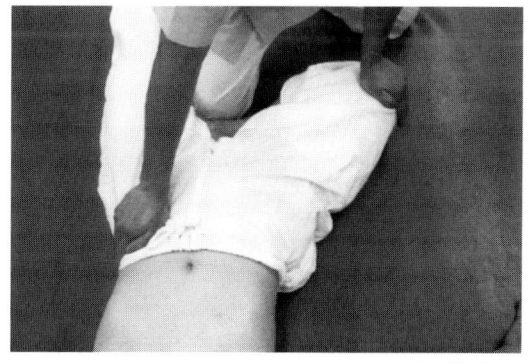

PHOTO 14

14. Cet exercice a pour but d'étirer les adducteurs (muscles internes de la cuisse). Pour ce faire le praticien ramène la hanche à 45° vers l'extérieur en rapprochant le genou du sol et en maintenant la hanche opposée du sujet au sol. Maintenir cette position pendant 20 secondes.

15. 腰の回旋

目的…腰と尻部のストレッチ。
位置…右足の外側に座る。
方法…左手で相手の右肩を上がらないように押さえ、右手で相手の右ひざを下からつかむ。股関節と右ひざを90度に曲げる。そのまま、相手の左脚側に倒していく。軽く痛みがでたところで、20秒静止。
注意…腰を浮かさず曲げる。

15. Twisting the hip bone

Purpose…Stretching the hip and buttocks.
Position…Sit next to the right leg.
Practice…Hold down the right shoulder with left hand and grab the bottom of the right knee with right hand.
Bend the hip bone and right knee 90 degrees. Push the whole body towards the left leg and hold for 20 seconds.
Precaution…Bend without lifting the hip.

PHOTO 15

15. Cet exercice a pour but d'étirer l'ensemble de la colonne lombaire, dorsale et de la hanche.
Pour ce faire, le sujet est allongé sur le dos, les deux members supérieurs posés au sol. Le praticien effectue un movement de rotation de la hanche en maintenant l'épaule du même coté au sol.
Maintenir cette position pendant 20 secondes.

16. 股関節の回旋運動

目的…股関節を正常な位置にもってくる。
位置…相手の右足の外側に立つ。
方法…相手の右ひざの下に術者の左手を、相手の右足首とアキレス腱部に右手をもっていく。そのままひざを腹に近づけるように大きくゆっくり反時計回りに5回転、逆回転（時計回り）もする。

16. Twisting the hip joint

Purpose…Bringing the hip joint to its correct position.
Position…Stand next to the right leg.
Practice…Place your left hand under the right knee, right hand to the right ankle (Achilles' tendon). Twist the knee towards the abdomen in a big circle counter-clock wise, then clock wise five times each.

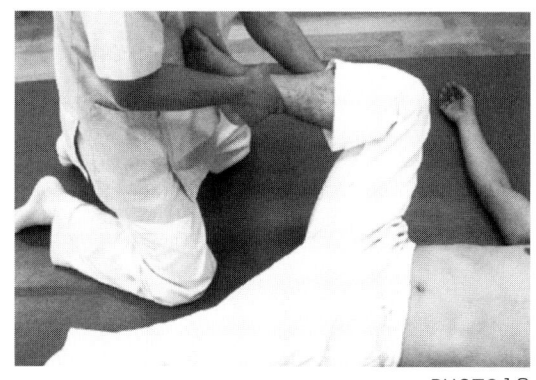

PHOTO 16

16. Cet exercice vise à soulanger l'articulation de la hanche ainsi que le bassin.
Le sujet est sur le dos, les deux épaules plaquées au sol. Le praticien maintient la jambe et le genou en effectuant des mouvements de flexion de la hanche.
Maintenir cette position pendant 20 secondes.

---

17. 両腕・肩・胸のストレッチ

目的…全身の筋肉を伸ばし、緊張緩和の効果をはかる。
位置…頭の頂点部に向きあう。
方法…相手の右手首を術者の右手で、相手の左手首を左手でもつ。ひじを曲げない状態にする。つま先はピーンと伸ばすように指示する。のびをする感じに引っ張りながら倒す。手が地面までつく場合は両肘を持ち倒す。
注意…呼吸が止まるほど強くしない。

17. Stretching arms, shoulders and chest

Purpose…Relaxation of the whole body, easing the tension.
Position…Face towards the head.
Practice…Grab the right wrist with right hand, left with left. Do not bend elbows. Tell them to stretch the ankles down (like tiptoeing). Stretch them out and gradually lay the patient down. If the hands touch the ground, hold the elbows.
Precaution…Do not make the patient hold their breath.

17. Ce groupe vise à étirer les muscles pectoraux et le muscle grand dorsal (muscle latéral du tronc) ainsi que le groupe interne des bras et des avant-bras.
  1. Le sujet est sur le dos, le praticien en arrière de la tête et va étirer ces groupes musculaires en effectuant une traction prolongée et en maintenant les poignets du sujet.
  2. Cette technique est dérivée de celle présentée en G1 avec une modification des appuis du praticien au niveau des coudes du sujet.

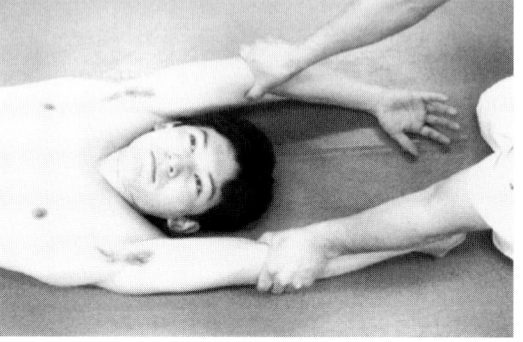

PHOTO 17

【語句説明】
（ツボ）
　※合谷(ごうこく)…親指と人差し指の付け根の部分で人差し指側
　　　目的…顔面部の知覚・運動機能の調整作用や降圧・炎
　　　症・鎮痛時に用いる。

Note:
　Pressure point 'Goukoku'... In between the thumb and pointing finger, towards the base of the finger, towards the pointer finger.
　Purpose... Effective for tuning facial nerves, athletic skills, hypotension, inflammation, and pain relieving.

PHOTO 18.
Ce schéma cite un petit reflexe qui peut soulager certaines douleurs.

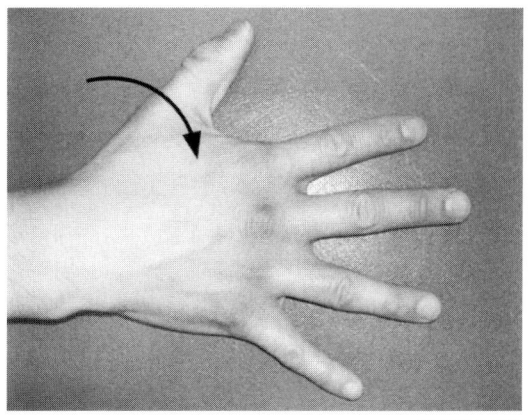

PHOTO 18

○手法
　圧法　押すと戻すのは同じ間隔でジワーっと押さえてジワーと離す。

○指の使い方
　①手根部（②母指球側　③小指球側）④手のひら全体
　⑤三指（人差し指・中指・薬指）

Style:
Pressure Style. Press and release slowly but firmly at the same speed.

Definition of fingers:
① Side-of-palm (② thumb side, ③ pinky side), ④ Palm, ⑤ Three-finger (pointer, middle, ring)

PHOTO 19.
Cette image nous montre les différentes parties de la main. Chaque partie pouvant être utilisée pour effectuer les techniques décrites.

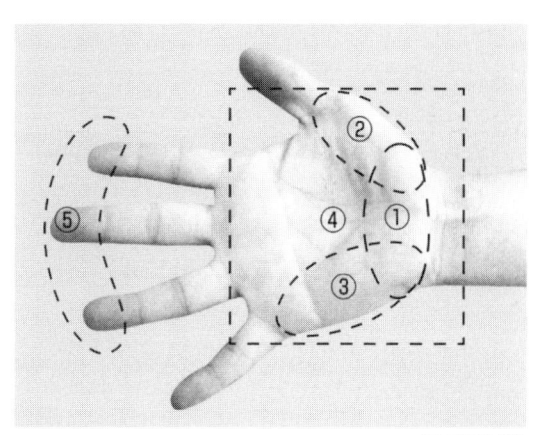

PHOTO 19

協力

英訳／

ブレット・サンプソン（Brett Sampson）

　　　　＊　　　　＊　　　　＊

活法／

別役　浩二（べつやく こうじ）

柔道整復師・空手道四段・柔道初段
BETSUYAKU Koji

西條　友幸（さいじょう ともゆき）

柔道整復師・空手道四段・柔道初段
SAIJO Tomoyuki

　　　　＊　　　　＊　　　　＊

10分整体／

城間　孝二（しろま こうじ）

柔道整復師・空手道三段・柔道二段
SHIROMA Koji

中尾　方則（なかお まさのり）

柔道整復師・空手道三段・柔道二段
NAKAO Masanori

教本　二十四歩／安南硬／四方公相君／十九／活法／山田式10分整体

　　　　発行日　2012年10月1日
　　　　著　者　山田　治義
　　　　発　行　山田派糸東流修交会義心舘
　　　　　　　　〒661-0973　兵庫県尼崎市善法寺町5-20
　　　　　　　　TEL.06-6494-2245　FAX.06-6493-7632
　　　　協　力　山田派糸東流修交会義心舘ヨーロッパ協会
　　　　　　　　首席師範　蒲原　勉
　　　　発　売　中央公論事業出版
　　　　　　　　〒104-0031　東京都中央区京橋2-8-7
　　　　　　　　TEL.03-3535-1321　FAX.03-3535-1325
　　印刷・製本　藤原印刷

MANUAL Niseishi, Ananko, Shiho Kosokun, Shisochin,
Practical Method, YAMADA's 10 Minute CHIRO

　First Edition　1st October, 2012
　　　　Author　YAMADA Haruyoshi
　　Publication　YAMADA-HA SHITO-RYU SHUKO-KAI GISHIN-KAN
　　　　　　　　661-0973 Zenpoji-cho, Amagasaki-city, JAPAN
　　　　　　　　Tel.06-6494-2245　Fac.06-6493-7632
　　Collaborator　ASSOCIATION YAMADA-HA SHITO-RYU SHUKO-KAI GISHIN-KAN EUROPE
　　　　　　　　top instructor KAMOHARA Tsutomu
　　　　Release　CHUOKORON-JIGYO-SHUPPAN
　　　　　　　　Tel.03-3535-1321　Fac.03-3535-1325
　　　　Printer　FUJIWARA PRINTING CO.LTD

MANUEL Niseishi, Ananko, Shiho Kosokun, Shisochin,
Méthode Pratique, 10 Minutes de CHIRO par YAMADA

　En premier Édition　le 1er October, 2012
　　　　　　Auteur　YAMADA Haruyoshi
　　　　Publication　YAMADA-HA SITO-RYU SHUKO-KAI GISHIN-KAN
　　　　　　　　　　661-0973 Zenpoji-cho, Amagasaki-city, JAPON
　　　　　　　　　　Tél.06-6494-2245 Fac.06-6493-7632
　　Collaborateur　ASSOCIATION YAMADA-HA SHITO-RYU SHUKO-KAI GISHIN-KAN EUROPE
　　　　　　　　　　Un instructeur supérieur KAMOHARA Tsutomu
　　　　　Parution　CHUOKORON-JIGYO-SHUPPAN
　　　　　　　　　　Tél.03-3535-1321 Fac.03-3535-1325
　　　　Imprimerie　FUJIWARA PRINTING CO.LTD